기원과 상징의 문화

부적의 비밀

기원과 상징의 문화

부적의
비밀

자현 지음
김재일 그림

모과
나무

상징의 미학, 부적

부적을 떠올리면 '낡은 미신'이라는 인식이 강하다.
허나 이러한 단정이 옳을까.

그림을 통해서 염원을 표출하고, 상징을 통해 의미를 전달하는 방
식은 구석기시대부터 현대 교통 표지판에 이르기까지 인류와 함께
해온 유구한 문화다. 특히 그림을 통한 상징 표현은 동아시아 문화
의 중요한 특징이기도 하다.

한자는 상형문자에서 출발한 그림글자다. 이로 인해 동아시아에서
는 문자 자체가 예술이 되는 서예가 발전하게 된다. 이러한 그림과
문자의 결합으로 문화적인 흐름의 계보를 잇는 것이 부적이나.

인도와 유럽에는 진실된 말인 '진언'과 맹세·서원·축복과 같은 '언

어의 문화'가 있다면, 동아시아에는 문자와 결합된 '그림의 문화'가 존재한다. 이런 점에서 부적은 주술적 미신의 범주를 넘어, 양지로 나와야 할 우리의 소중한 문화유산이자 전통문화의 콘텐츠로 개발되어야 할 코드다.

선진국으로의 안착은 경제력도 중요하지만, 문화 파급력이 본질적으로 중요하다. 이런 점에서 부적의 상징성을 전통적 문화유산의 관점에서 검토하고, 현대적으로 재해석하는 작업은 시대적 과제라고 하겠다.

부적 같은 그림 상징은 비단 멀리 있는 것만은 아니다. 애플의 로고인 '베어 문 사과'는 전 세계에서 가장 영향력 있는 마력의 상징 부적이다. 또 스타벅스의 로고는 '사이렌'이라는 정령을 차용해 커피의 매력에 빠지게 하려는 현대판 주술과 크게 다르지 않다. 이에 비해 예부터 악귀를 물리치는 부적으로 사용되어온 우리의 〈처용도〉는 너무나 멀게만 느껴진다.

우리의 부적 문화 역시 민속적 신앙과 미신이라는 편견과 오해를 넘어서길 바란다. 이모티콘처럼 밝고 재미있게, 그 상징에 담긴 유구한 바람과 희망이 재창조되어 깨어나길 바란다. 미학과 낭만 그리고 도시의 삶에 지친 이들의 활력과 행복을 위해서….

부적 문화를 음지에서 양지로 끌어내 새로운 이해와 해석을 요청한 남배현 대표님과 편집자님 그리고 부적의 예술적 매력에 흠뻑 빠져 영혼을 불어넣어준 김재일 작가님께 감사드린다. 김재일 작가님은 『붓다를 그리다』 등 불교의 상징적 재해석을 위해 많은 노력을 견지한 시대의 통찰 깊은 예술가다.

우리의 작은 걸음이 한국 문화의 저력을 높이는 계기가 되었으면 하는 바람을 가져본다. 모쪼록 이 책을 통해 부처님의 〈전도선언〉 말씀처럼, 귀 있는 자는 듣고 낡은 믿음을 버려 모두가 행복으로 나아갈 수 있기를 기원해본다.

오대산 깊은 겨울에

일우 자현

II

문명 발전에 영향을 미친 부적의 세계

III

부적의 모양과 세계

IV

다양한 부적 문화

|

부적의 의미와
기원을 찾아서

부적과 부주를
아시나요?

|

부적의 원형은 부절

부적符籍이란, '부절符節'과 '문서文書'를 결합한 신비한 힘이 깃
든 그림과 글씨 즉 '도서圖書'를 가리키는 우리식 표현이다. 고대에
는 청동거울이나 칼 등을 깨트려 위조 방지를 위한 신표信標로 사용
하곤 했다. 거울이나 칼을 인위적으로 파손하면, 깨진 단면이 불규
칙해서 원래의 파편들 외에는 결합되지 않는다. 이것을 이용해 위
조 방지 시스템을 구축했던 것이다. 요즘으로 치면 블록체인과 같
은, 당시로서는 최첨단 위조 방지 기술이었던 셈이다.

고구려의 건국 군주 주몽(재위 B.C. 39~B.C. 19)을 계승한 것은 2

대 유리왕(재위 B.C. 19~A.D. 18)이다. 본래 주몽은 북부여에 살고 있었으나, 상황이 여의치 않자 부인과 아들을 버리고 졸본부여로 도망친다. 이때 부인에게 "아들이 장성하면 7각형 돌 위의 소나무 아래에서 신표를 찾아서 오게 하라."는 말을 남긴다.

| 주몽 설화에서도 확인되는 부적의 용례

후일 유리는 인근의 산을 다 뒤졌으나 찾지 못하고, 마침내 집안에 있는 7각형 주춧돌 위의 소나무 아래에서 부러진 칼을 찾아내 주몽에게 간다. 이 칼을 신표로 해서 주몽은 유리를 받아들여 후계자로 세운다.

주몽이 고구려를 건국하도록 도운 가장 결정적인 인물은 졸본부여의 공주인 소서노다. 그러나 소서노의 아들은 유리의 등장으로 왕위 계승에서 밀려나게 된다. 이로 인해 소서노는 비류·온조와 함께 남하해 십제(후일의 백제)를 건국하기에 이른다.

이 이야기 속에는 북부여계와 졸본부여계의 교류와 갈등 및 분리에 대한 내용이 담겨 있다. 그런데 바로 여기에 부러진 칼을 통한 부절의 용례가 등장한다.

부적과 부작 사이

부절에서 '부符'는 믿음의 징표(신표)라는 뜻이며, '절節'은 나뉘어 있다는 의미다. 즉 부절이란, '분리된 신표' 정도의 뜻이라고 하겠다. 부절은 본래 고대에서는 사신이나 전령이 가지는 신표로, 황제의 칙령과 관련된 내용이나 지위를 나타내는 표식이었다. 예컨대 전술 명령처럼 오류가 있어서는 안 되는 측면들에 대한 특별한 보안장치 같은 역할을 담당했다.

후대에 와서는 하나를 깨트려 나눠 가지는 것이 번거롭고, 또

| 부절(좌)과 부절의 역할을 했던 마패(우)

다른 방식의 보안 기능이 발전한 덕분에 부절은 패나 문서로 대체된다. 암행어사의 마패나 직인이 찍힌 문건 등을 생각해보면 된다.

부적이란 '부절+문서'의 의미니, 고대의 부절과 후대의 패 및 문건을 아우르는 종합적인 명칭이라고 하겠다. 또 부적을 다른 말로 부작符作이라고도 하는데, 이는 부적을 만드는 작업까지를 포함하는 총칭이라고 이해하면 되겠다.

부적은 흔히 종이에 붉은 주사로 그린 그림이나 글씨라고 생각하기 쉽다. 그러나 때론 돌에 음각하거나 나무판에 양각하는 등 의외로 다양하다. 즉 작업적인 부분도 생각보다 비중이 상당하다는 얘기다. 또 여기에는 부적과 부작이 유사 발음이라는 점에서, 양자가 발음상의 유사성에 의해 혼재되었을 개연성도 존재한다.

부주, 중국의 부적

우리의 부적이 '도상과 글씨(도서圖書)'를 함축하는 신비한 형상을 상징하는 명칭이라면, 중국의 부주는 부적과 주문을 결합한 합성어다. 즉 '도서圖書'와 '주문呪文'이라는 언어적인 측면이 결합되어 있는 모양새다.

우리 문화를 반영한 다양한
그림과 문자의 부적판들

도서+주문=부주

동아시아 한자문화권에는 언어, 즉 말을 신뢰하지 않는다는 특징이 있다. 이는 『주역』「계사繫辭 상上」편의 "언부진의言不盡意" 즉 '말로는 뜻을 다할 수 없다.'는 것이나, 『논어』「학이學而」편의 "교언영색巧言令色 선의인鮮矣仁" 즉 '말 잘하고 잘 웃는 사람치고 어진 사람은 드물다.'는 것, 또 『노자도덕경』〈제56장〉의 "지자불언知者不言 언자부지言者不知" 즉 '아는 이는 말을 하지 않고, 말하는 자는 알지 못한다.'는 것이나, 『장자』「외물外物」편의 "득의이망언得意而忘言" 즉 '뜻을 이해하고 나면 언어는 (쓸모없으니) 잊는다.'는 예문 등을 통해서 단적인 판단이 가능하다.

이와 같은 양상은 우리 속담에서도 확인된다. '벼는 익을수록 고개를 숙인다.'는 것이나, '빈 수레가 요란하다.'는 등이 그것이다. 즉 동아시아에는 침묵이 미덕인 '침묵의 문화'가 있다. 이는 한자문화권에서 도상적인 '부符'가 언어적인 '주呪'보다 고차원적 가치로 인식된다고 볼 수 있다.

그렇다면 중국에서는 왜 '부주'라는 명칭이 등장한 것일까? 이는 언어의 신뢰를 강조하는 인도 문화가 불교를 타고 동아시아로 전래했기 때문이다. 인도에서 유럽에 이르는 인도·유럽어족은 한자문화권과는 달리 언어에 대한 신뢰도가 무척 높다. 이는 불교 외의 기독교나 이슬람 전통에서도 확인되는 '축복'과 '축원' 또는 '서원誓願'과 '발원' 및 '맹세'를 강조하는 문화를 통해서 인지해볼 수 있다.

언어에 대한 신뢰는 희랍문화권에서 논리학과 웅변술의 발달로 이어지게 되고, 이는 인도에서 '진언眞言에는 강력한 에너지가 깃든다.'는 생각으로 발전하기에 이른다. 이러한 진언 중 짧은 것을 '주呪'라고 한다. 즉 부주란, 한자문화권 전통의 '부符'와 불교에서 중시하는 언어적인 '주呪'가 결합된 것이라고 하겠다. 이는 강력하고 신비한 에너지에 대한, '부符'와 '주呪'라는 두 가지 방향의 추구를 나타내준다.

인류 문명과
함께한 부적

|

가면과 바디페인팅

두꺼비는 포식자인 뱀을 만나면 몸집을 부풀려 뱀이 삼킬 수 없는 대상임을 강하게 어필한다. 또 무당개구리나 독버섯은 화려한 색으로 자신에게 독이 있다는 위험을 경고한다. 즉 천적을 피하고 안전을 보장받기 위해 과도한 꾸밈(가장)과 색채를 통한 강렬한 저항의 메시지를 보내는 것이다.

문명을 통한 합리적인 판단이 어려웠던 원시 인류 역시, 불시에 찾아오는 재앙을 피하기 위해 유사한 행동을 하곤 했다. 그것이 바로 가면과 바디페인팅이다. 때로 여기에는 제전祭典과 관련된 과

| 부적의 주술성을 담은 원주민의 바디페인팅

장된 춤의 동적인 측면이 첨가되기도 하는데, 이런 원시적인 행위
가 바로 부적의 기원인 셈이다.

　원시 문화에서 가면과 바디페인팅은 강력함을 강조하고, 이를
통해서 외부적인 재앙을 물리치는 벽사辟邪의 의미를 갖는다. 이는
길상을 증장(증익增益)하고 삿됨을 물리치는(소재消災) 부적의 의미와
일치한다.

　또 가면과 바디페인팅은 현실에 기반한 상징과 이를 간략화한
추상적인 기호 등을 통해, 신이나 정령과 통하거나 신비한 에너지
를 이끌어내려는 모습을 보인다. 그런데 이러한 방식 역시 부적과
직결되는 측면이 있다.

　원시의 가면 문화는 내용에 변화가 존재하기는 하지만, 후대

　　　　　　　　　　　　　　　　　　　　　　　부적의 비밀

| 안동 하회탈, 베네치안 사육제 가면무도회의 가면, 루이 14세의 가발

까지 서구의 가면무도회나 중국의 경극京劇 그리고 우리의 탈춤 등을 통해서 유전되는 모습을 보인다. 또 넓은 의미로 중세와 르네상스 시기에 유럽 남성이 착용한 가발도 여기에 속한다고 하겠다. 왜냐하면 유럽 남성의 가발에는 권위와 위상을 강화하는 상징적 의미가 있기 때문이다.

바디페인팅은 현대에 들어와 외연이 넓어지며 일반화되고 있는 문신(타투Tattoo)이나 화장으로까지 연결된다고 본다. 혹자는 "화장이 어떻게 바디페인팅과 연결될 수 있느냐?"고 할지 모른다. 그러나 신라 화랑의 낭장결이나 일본의 가부키 화장을 생각해보면 이해가 쉽다. 화장에는 단순히 남성의 선택을 위한 여성의 치장이라는 의미 외에도, 결의와 변신 등 다양한 의미가 내포되어 있기 때문이다. 요즘 여성의 화장(메이크업make up)에도 미적 아름다움을 위한 변신의 의미와 목적이 있으니, 이는 현대까지 유전된다고 봐도 무방하지 않을까.

가면과 바디페인팅과 관련해서 가장 현대적인 것은 SNS상에서의 '닉네임'과 '아바타'가 아닐까? 닉네임과 아바타는 '나'인 동시에 내가 아니며, 그 뒤에서 나는 심리적인 안정감을 느낄 수 있다. 그러니 여기에는 분명 길상과 벽사라는 부적과 통하는 측면이 있을 것이다.

공감주술과 기원의 문화

장희빈과 관련해서, '인현왕후의 그림에 활을 쐈다.'는 이야기를 한 번쯤은 들어봤을 것이다. 여기서 그림은 인현왕후를 대리하는 일종의 매개체다. 영국의 민속학자 J. G. 프레이저는 이러한 매개체를 이용해서 특정 대상에게 비밀스런 영향을 미칠 수 있다는 믿음을 '공감주술共感呪術'이라고 정의했다.

프랑스의 도르도뉴 지역에서 발견된 B.C. 1만5000년경의 그림인 〈라스코Lascaux 동굴벽화〉나, 국보 제285호인 신석기시대 유적 〈반구대 암각화〉를 보면 많은 동물이 표현된 것을 확인할 수 있다. 이것은 그 동물을 사냥하고픈 기원과 사냥 시 발생하는 위험을 피하려는 힘의 가호를 의미한다. 즉 수렵을 목적으로 하는 동물의 그림을 통해서, 해당 동물을 투영하고 목적을 달성하려는 공감주술의 예인 것이다.

| 〈라스코 동굴벽화〉(위)와 〈반구대 암각화〉(아래)에서 확인되는 동물 그림들

이런 공감주술이 좀 더 구체화되면, 풀이나 나무로 사람 인형을 만드는 제웅(저주 인형)이 된다. 때론 제웅에 저주하려는 사람의 머리카락이나 손톱 등 신체 일부를 봉인해서, 대상을 보다 구체화하기도 한다. 이와 같은 주술 그림이나 형상 역시 부적의 기원으로 보는 것이 가능하다.

| 인류와 동물이 등장하는 〈킴벌리 동굴벽화〉(좌)와 〈타실리나제르
벽화〉(우)

선사시대의 벽화인 호주 서북부의 〈킴벌리Kimberley 동굴벽
화〉와 아프리카 알제리의 〈타실리나제르Tassili n'Ajjer 벽화〉 등에는
가면이나 바디페인팅이 묘사된 것으로 보이는 인물상이 존재한다.
즉 '가면 – 바디페인팅 – 공감주술'이라는 부적의 요소들이 하나로
연결되어 있는 것이다. 테오도르 W. 아도르노(Theodor Wiesengrund
Adorno, 1903~1969)의 『미학이론』에 따르면, 이와 같은 요소들이 예
술의 기원이라는 점에서 부적은 예술의 시작이라는 관점도 충분히
도출될 수 있다고 하겠다.

동아시아의 전통과
그림 문화

|

희랍의 수학과 인도의 진언

'피타고라스' 하면 가장 먼저 떠오르는 것이 '피타고라스의 정
리'가 아닐까. 그런데 철학자이자 종교인이었던 피타고라스는 왜
이런 수학적 정리를 완성한 것일까? 그것은 희랍의 철학자들이 우
리가 사는 현상세계에서 진리인 이데아로 가는 중간 단계로 수학
을 상정했기 때문이다.

흔히 하는 표현 중에 "사람이 사람 좋아하는 데는 이유가 없고,
사람이 사람 싫어하는 데도 이유가 없다."는 말이 있다. 이처럼 우
리가 사는 세계에서는 명확한 인과관계가 성립되지 않는다. 그러

나 수학은 다르다. 현실에서는 1+1의 결과가 다양하게 나올 수 있지만, 수학에서는 언제나 2가 된다. 이런 수학의 분명함 때문에 희랍의 철학자들은 '이 세계 → 수학 → 이상세계(이데아)'라는 인식을 하게 되는 것이다.

사실 살아가다 보면, 수학만큼 공부하느라 고생한 것에 비해서 사용처가 적은 학문도 없다. 이공계 직장인이 아니라면, 구구단 정도로도 충분한 것이 일반인들의 삶이 아니던가? 아니 구구단도 잘 못 외우는 것이 우리 삶의 현실이 아닐까!

그럼에도 불구하고 수학능력시험에서 수학 배점이 높은 이유는 무엇 때문일까? 이와 관련된 우스갯소리 가운데 "플라톤 때문에 수학 비중이 크다."는 말이 있다. 즉 희랍철학과 이를 계승한 르네상스가 유럽에서 예술과 건축, 과학의 발달로 이어지며, 수학 배점이 크게 되었다는 말이다.

한편, 유럽에서 인도에 이르는 인도·유럽어족 문화에서는 언어에 대한 비중이 크다. 특히 인도에서는 진언이 마치 희랍에서의 수학처럼, 이 세계와 이상세계 사이의 매개체라는 관점이 존재한다. 즉 인도문화 속에는 '이 세계 → 진언 → 이상세계'의 구조가 존재하는 것이다. 이 진언 문화가 불교를 타고 동아시아로 전래한 이후에는 부적에도 깊은 족적을 남기게 된다.

그림을 선택한 중국

　희랍이 수학에 주목하고 인도가 진언을 중시한 것과 달리, 중국은 진리에 이르는 매개체로 그림을 선택했다. 유교와 도가 및 도교를 아우르는 최고 경전인 『주역』의 「계사전繫辭傳」에는 '관물취상(觀物取象, 사물을 관조하여 상을 취한다)'이라고 하여, 현상적인 물질의 심층인 '상象(象象은 象像과 같은 의미임)' 즉 그림과 부호의 의미를 다음과 같이 기술하고 있다.

　옛날 복희씨가 천하의 왕일 때, 우러러보아 하늘의 '상象(심층)'을 관조하고 구부려 땅의 법칙을 관찰하였다. 또 새와 동물의 무늬와 땅의 조화를 관찰하고, 가까이는 몸에서 취하며 멀리는 사물에서 취하였다. 이렇게 해서 팔괘八卦를 처음으로 만드니, 이는 신명神明의 파워(덕德)와 통하여 만물의 성품을 분류하는 역할을 하게 된다.

　───── 「繫辭 下」, "古者包犧氏之王天下也, 仰則觀象於天, 俯則觀法於地, 觀鳥獸之文與地之宜, 近取諸身, 遠取諸物, 於是始作八卦, 以通神明之德, 以類萬物之情."

　성인이 천하의 이치를 보고 형상을 헤아려서, 그 사물의 마땅함을 상징한 까닭으로 이를 '상象'이라고 한다. … 상징과 부호를 통해서 헤아린 뒤에 말하고 의논한 뒤에 움직이니, 헤아리고 의논하는 것으로 그 변화를 모두 완성하느니라.

─────「繫辭 下」, "聖人有以見天下之賾, 而擬諸其形容, 象其物宜,

是故謂之象. … 擬之而後言, 議之而後動, 擬議以成其變化."

여기서 말하고자 하는 것은 '상象'의 발생적인 측면이다. 즉 『주역』의 핵심인 '태극'과 '팔괘'라는 상징 부호가 나타나게 된 것에 대한 설명인 셈이다. 이후 이러한 상象을 중심으로 하는 이해는 언어와 대별되는 뜻의 문제로 전개된다. 즉 본질적인 의미를 알기 위한 수단이 상象이라는 것이다.

│ 태호 복희씨는 삼황오제의 하나로, 팔괘를 만들어
  냈다고 전해진다.

부적의 비밀

공자가 말하였다. "글로는 말을 다할 수 없고, 말로는 뜻을 다할 수 없다." 그렇다면 성인의 뜻이란 볼 수 없는 것인가? 다시 말했다. "성인은 상象을 세워서 뜻을 다하며, 팔괘와 64괘를 베풀어 참과 거짓을 전부 드러낸다. 또 괘에 주석을 달아서 의미를 분명하게 드러내고, 변화와 통일적인 가치로 이로움을 다하며, 북 치고 춤추는 것으로 신神을 다하느니라.

─── 「繫辭傳 上」, "子曰, '書不盡言, 言不盡意.' 然則聖人之意其

不可見乎? 子曰, '聖人立象以盡意, 設卦以盡情僞, 繫辭焉以

盡其言, 變而通之以盡利, 鼓之舞之以盡神.'"

이는 말로는 뜻을 다 드러낼 수 없으나, 상象으로는 이것이 가능하다는 주장이다. 즉 '만물과 언어 → 상象 → 의미(의意)'의 구조가 인식되는 것이다. 이와 같은 구조는 왕필(226~249)이 『주역약례周易略例』에서 "득의망상得意忘象" 즉 '의미를 얻으면 상象은 잊는다.'는 표현을 통해서 분명해진다. 또 『장자』 「잡편」의 〈외물外物〉을 보면, "득어이망전得魚而忘筌"이라고 하여, '물고기를 얻으면 통발은 잊는다.'는 말을 통해서도 확인해볼 수 있다. 즉 상象은 어디까지나 중간 단계의 수단이며, 목적은 의미(의意)인 것이다.

〈하도〉·〈낙서〉와 태극기

우리의 태극기는『주역』을 기반으로 한다.『주역』에서 가장 중요한 것이 태극과 음양 그리고 팔괘다. 팔괘는 건乾·태兌·이離·진震·손巽·감坎·간艮·곤坤으로, 이 중 대표적인 것이 태극기에 표현되어 있는 건(하늘)·곤(땅)·감(물)·리(불)다. 이런 관점에서 우리의 태극기는 가장 철학적인 국기인 동시에 동아시아 부적의 효시라고 이를 만하다.

『주역』에서 태극기와 같은 구조가 갖춰지는 것에는 복희씨와 하(夏, B.C. 2070~B.C. 1600)나라의 시조인 우禹임금의 전설이 있다. 복희 시절에 황허에서 용 같은 말인 용마龍馬가 나타났는데, 그 용마의 등에 부호가 있었다고 한다. 이것을 황허에서 나타난 그림이

| 태극기의 시원始原인 태극과 복희팔괘

부적의 비밀

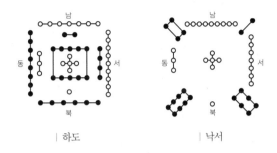

| 하도　　　　　　　　　　 | 낙서

라고 해서 〈하도河圖〉라고 하며, 이것이 태극과 팔괘의 기원이 되었다.

　이후 우임금이 낙양 인근의 낙수에서 관개수로를 정비(치수)하고 있었는데, 이때 신령한 거북인 신귀神龜가 나타난다. 그런데 이 거북의 등에도 부호가 있었다. 이것을 낙수에서 나왔다고 해서 〈낙서洛書〉라고 한다.

　이러한 〈하도〉와 〈낙서〉를 풀어서 체계화한 것이 『주역』이며, 이러한 『주역』을 공식처럼 기호로 정리한 것이 바로 태극기다. 또 〈하도〉와 〈낙서〉가 그림이기 때문에 이는 상象의 시원이 되는 동시에 부적의 기원이 된다. 즉 중국이 말하는 문화의 시작점에는 흥미롭게도 부적이 존재하는 것이다.

도서와 낙관

'도서圖書' 하면 으레 책을 떠올리게 마련이다. 그러나 〈하도河圖〉와 〈낙서洛書〉의 줄임말이 바로 '도서'다. 즉 〈하도〉와 〈낙서〉는 중국 문화에서 책의 시원이기도 한 것이다. 그림을 그리고 나면, 예전에는 낙관落款 즉 도장을 찍었다. 그런데 이 낙관의 올바른 명칭이 바로 '도서'다. 즉 도장의 시원도 〈하도〉와 〈낙서〉인 것이다.

도장은 일반적으로는 글자로만 구성된다. 그러나 서화書畵에 사용되는 낙관은 그림으로 된 것도 있고, 그림과 글씨가 섞여 있는 경우도 어렵지 않게 볼 수 있다. 사실상 노서라는 말을 풀어보면 '그림과 글씨'라는 의미니, 낙관의 올바른 명칭이 도서라는 점 역시 수긍된다고 하겠다.

그런데 이런 도장을 책과 같은 기원으로 이해한다는 것은 조금 의외일 수도 있다. 바로 이 부분에서 이해되어야 할 것이 한자의 시작이 그림을 기반으로 하는 상형문자라는 점이다. 실제로 당나라 장언원(張彥遠, 815~879)의 『역대명화기歷代名畵記』「서화지원류書畵之源流」를 보면, "서화동원書畵同原" 즉 '글씨와 그림은 동일한 기원을 가진다.'는 말이 있다.

한자의 기원은 창힐(사황씨史皇氏)이 새의 발자국을 보고 만들었다고 한다. 이것이 후일 점복占卜과 관련된 그림문자인 은나라의 갑골문으로 계승된다. 즉 상형을 배경으로 하고 있는 것이다. 이는

한자를 창제한 전설적 인물인
창힐(좌)과 갑골문자(아래)

| 추사 김정희, 〈세한도〉

〈하도〉와 〈낙서〉가 책의 기원이 될 수도 있는 이유를 설명해준다.

또 서화동원은 서예가 단순한 글씨를 넘어 예술적인 기능을 할 수 있는 배경도 된다. 즉 '서화동체書畵同體'인 것이다. 허목(許穆, 1595~1682)의 미수체나 김정희(金正喜, 1786~1856)의 추사체 등을 생각해보면 되겠다. 그리고 동아시아에서는 서예의 붓과 그림의 붓이 분리가 되지 않은 채 전승되는데, 이는 후대까지도 글씨를 잘 쓰는 사람이 그림도 잘 그릴 수 있는 이유가 된다.

실제로 동양화에서는 직업 화가의 작품(공필화工筆畵)보다, 공부를 많이 한 문인의 그림을 문인화文人畵라고 해서 더 높이 쳐준다. 소위 "문자향文字香 서권기書卷氣" 즉 '문자의 향기와 책의 기운'이 문인화에 서려 있다는 것이다. 국보 제180호로 지정되어 있는 추사의 〈세한도歲寒圖〉를 떠올려보면 되겠다.

이러한 그림과 글씨의 미분리는 부적에 그림과 함께 글씨가 혼재될 수 있음을 의미한다. 또 이는 그림이 제외된 글씨만으로 된 부적도 가능하다는 것을 알게 해준다.

실제로 부적은 주사朱砂라는 붉은색 안료로 그리는데, 이 주사는 예전에 도장을 찍을 때 사용하는 인주印朱의 재료로 쓰이기도 했다. 때문에 오늘날까지 도장을 붉은색으로 찍는 것이다.

서화용 낙관이 아닌 일반적인 도장이 글자로만 되어 있다는 점에서 보면, 이러한 도장 역시 포괄적으로는 부적의 범주 안에 포함된다고 하겠다. 즉 동아시아의 부적은 〈하도〉와 〈낙서〉를 시작으로 해서, 모든 그림과 글씨에까지 영향을 미치고 있는 것이다.

중국 부적의 전형은 도철문

부적의 기원은 〈하도〉와 〈낙서〉로까지 올라간다. 그러나 〈하도〉와 〈낙서〉는 다분히 전설적인 이야기라는 점에서 한계가 따른다. 그러므로 창힐의 문자 발명 이야기나 갑골을 통한 한자 이해는 부적의 기원과 관련해서도 재삼 주목해야만 한다.

한자가 상형문자에서 시작되었고, 과두문자蝌蚪文字나 전서篆書 등의 서체는 그림처럼 보일 수도 있지만, 그럼에도 이를 완전한 그림으로 보기에는 문제가 있다. 즉 부적이라면 문자적인 요소보다는 그림의 경향이 더 커야 한다는 말이다.

| 도철문

　이런 점에서 주목되는 것이 은나라와 주나라의 청동기에서 발견되는 도철문이다. 물론 은·주나라 시대 이전에도 중국의 황허문명이나 양쯔강문명 지역에서 발견되는 그릇에는 다양한 그림들이 존재한다. 그러나 도철문처럼 나름의 정형성을 확립하면서 반복적으로 재생산되는 문양은 없었다. 이런 이유 때문에 도철문을 주목할 필요가 있다.

　도철은 동물적인 요소가 변형된 특정한 지역의 토템 정도로 판단된다. 문양은 양처럼 뿔을 가진 모습에 툭 튀어나온 큰 눈을 가졌으며, 머리만 있고 몸은 없다. 이는 도철이 미친 듯한 식욕으로 모든 것을 집어삼키는데, 마침내 자신의 몸까지 먹어버리고 머리

| 도철문의 영향을 받았다고 보이는 다양한 귀면 문양의
귀면문 수막새(좌)와 귀면와(우)

만 남게 되었기 때문이라고 전해진다. 이러한 도철의 성격으로 인해, 도철을 장식하면 모든 삿된 것을 먹으며 또 먹힐 것이 두려워 감히 접근하지 못한다고 한다. 이 때문에 부정을 타면 안 되는 귀한 청동기 솥이나, 출입을 관할하는 문장식 등에 널리 활용된다.

우리나라에서는 부정을 타면 안 되는 장독대나 해산한 곳에 설치하는 금줄이 대표적이다. 유럽에서는 보는 순간 돌이 된다고 하는 희랍신화 속 메두사를 문 장식으로 사용하는 것과 유사하다고 하겠다.

도철문은 무서운 형상에다가 특유의 권위를 확립하면서, 은·주나라 시대의 거대하고 중요한 청동기에 중심 장식으로 사용되었다. 이런 점에서 본다면, 도철문이야말로 중국 부적의 한 전형을 이룬 모습이라고 하겠다. 그리고 이런 도철의 수요와 변형은 이후 귀면문으로까지 연결된다.

부적의 특징과
메시지
|

군주가 곧 성인, 제정일치

　동아시아에서 부적과 관련해 주목해야 할 또 다른 부분은 일원론을 배경으로 하는 제정일치의 사회구조다. 조금 어렵게 들릴 수도 있는데, 쉽게 얘기하면 정치와 종교가 결합한 상태에서 군주가 종교의 수장까지 겸한다는 말이다.

　인도에서 유럽까지는 정치와 종교가 분리된다. 현재 우리가 일반적으로 수용하는 정교분리의 원칙과 이를 바탕으로 보장되는 종교의 자유는 모두 유럽 문화가 미국을 타고 전래한 결과물이다. 즉 이는 우리의 전통이 아닌 것이다.

동아시아 전통에서는 정치와 종교가 일치되기 때문에, 종교의 최고 이상理想인 성인은 군주가 아니고서는 될 수 없다. 이를 성군론聖君論이라고 한다. 즉 '군주 중의 군주'가 바로 성인이라는 말이다.

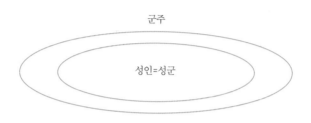

군주

성인=성군

그러므로 유교에서 성인으로 칭해지는 요·순·우·탕·문·무·주공은 모두 현실적으로 군주였다. 이외에 군주가 아닌 사람으로 문성文聖 공자와 무성武聖 관우가 있는데, 이 때문에 이들은 이후 신속하게 소왕素王과 문선왕文宣王 그리고 관왕關王과 관제關帝로 추증되었다. 즉 '성인≠군주'가 아닌 불일치의 문제를 해소하기 위해, 공자와 관우를 군주로 추존해버린 것이다. 이는 '성인=군주'의 구조가 '성인≠군주'보다 우선되는 개념이라는 것을 알게 해준다.

사실 이 문제는 종교의 중국 정복과 관련해서도 주목된다. 불교는 석가모니가 태자(왕자)였기 때문에 중국 문화에서 성인으로 받아들이기가 용이했다. 이것이 불교가 쉽게 중국을 정복할 수 있었던 이유이기도 하다.

그러나 기독교의 예수와 이슬람의 마호메트는 하층민 또는 평민에 불과했다. 이는 문화상대주의가 일반화되는 현대 이전에는 이들을 성인으로 인정하기 어렵다는 것을 의미한다. 즉 기독교와 이슬람의 중국 정복에 문화권적인 방파제 역할을 했던 것 중 하나가 바로 중국의 '성인=군주'인 성군론이었던 것이다.

정교일치의 강력한 군주권

왕조 국가에서 군주에게 칼끝을 겨눈 상태(쿠데타)가 발각된 후에 용서받는 경우는 없다. 그러므로 역모가 드러나면 자살하는 게 가장 깨끗하고 편안한 선택이 된다. 왜냐하면 죽음보다도 죽음에 이르는 과정(고문)이 더 고통스럽기 때문이다.

그런데 조선에서는 자살을 하려다가도, 사약이 오면 임금 쪽으로 절을 올린 뒤 받아 마신 후에 죽는다. 때로는 압송되어 고문을 받다가 고통 속에 죽기도 한다.

그들은 왜 자살하다가 멈춰야만 했을까? 그 이유는 정교일치의 사회구조 속에서는 군주의 영향력이 육체를 넘어 정신에까지 작용하기 때문이다.

정교분리의 현대사회에서는 대통령이 국민을 구속할 수는 있어도 생각의 자유까지 어쩌지는 못한다. 그러나 정교일치 사회에서는 군주의 뜻을 생각으로도 거슬러서는 안 된다. 이런 정도까지는 아니지만, 현대에도 이슬람 문화권이나 티베트 같은 나라는 종교의 영향력이 정치에 강하게 미치기도 한다. 물론 동아시아는 정치를 중심으로 종교적인 권위가 부가된다는 점에서, 종교를 기반으로 정치가 부가되는 이슬람과 티베트와는 상황이 다르다.

오늘날 이러한 정교일치의 동아시아 전통이 유지되는 것처럼 보이는 곳은 북한 정도라고 하겠다. 이런 점에서 본다면, 북한은 동아시아 정치사의 화석이라 이를 만하다.

정교일치의 상황에서 군주는 육체와 정신을 동시에 주관하는 통일적인 주재자라 할 수 있다. 이렇다 보니 정교분리 사회의 군주나 종교 수장에 비해 권위가 압도적으로 높을 수밖에 없다.

동아시아 전통에서는 종교가 정치의 하위 개념이다. 이는 조선이 숭유억불 정책을 내세워 불교를 탄압해도 불교가 이렇다 할 반발을 하지 못했다는 점, 또 임진왜란이 발발하자 오히려 탄압받던 승려들이 승군을 조직했던 아이러니한 상황을 통해서도 확인할 수 있다.

이와 같은 정교일치 체제에서 정치의 독주는, 종교나 신앙적인 부적 속에도 군주의 권위가 강하게 스며들도록 한다. 즉 부적에는 흥미롭게도 '군주'와 '정치'가 핵심 키워드로 존재하는 것이다.

동아시아 부적의 특징

┃황제의 권위를 빌려 주문하다, 칙령과 급급여율령

부적에 가장 많이 등장하는 글자는 '칙령勅令'과 '급급여율령急急如律令'이다. '칙령'이란, 군주의 명령이라는 의미로 칙명勅命과 통한다. 즉 '칙령의 반포'에서처럼, 최고 권력자로부터 내려오는 일방적인 명령인 셈이다.

제후국을 표방한 조선은 세종 때부터 황제의 명령을 나타내는 '칙령'이라는 명칭을 사용하지 않았다. 그 대신 칙령을 대체하는 단어인 '교지敎旨'를 사용했다. 그러다가 고종에 의해 대한제국이 선포되면서, 다시금 칙령이 사용되는 모습이 나타난다. 즉 '칙령=칙명'은 정확하게는 황제의 명령인 것이다.

부적에 칙령이 들어간다는 것은 '부적의 내용을 어기지 말고 실행하라.'는 의미다. 즉 누구도 방해하거나 태클을 걸 수 없도록 황제의 권위를 빌려 가장하는 것이다.

어떤 의미에서 부적에 존재하는 칙령 표현은 다소 유치할 수 있다. 특히 이것이 황제에 의한 것이 아닌 황제권을 가장한 사칭(교명矯命)이라는 점에서 더욱 그렇다. 그러나 여기에는 이렇게 해서라도 뜻을 이루고자 하는 민중의 바람이 깃들어 있다. 즉 소박한 그들의 열망을 읽어볼 수 있는 것이다.

그런데 흥미로운 것은 이런 칙령이 들어가는 부적의 빈도가

뱀과 벌레들이 가두어져 있는
집 모양과 호리병 위에 '칙령'이란
글자가 새겨져 있는 것으로 미루어보아
질병 퇴치 부적으로 추정된다.

귀신이나 질병 등의 퇴치에서 더욱 많이 나타난다는 점이다. 상식적으로 생각해보면, 귀신이나 질병에 칙명이 통할 리 없다. 그러나 과거 정교일치의 관점에서는 국토 안의 모든 존재에게 황제의 영향력이 작용한다고 생각했다. 그래서 이런 우스꽝스러운 상황이 발생하는 것이다.

칙령과 함께 많이 보이는 글자는 '급급여율령'이다. 급급여율령이란, '빠르게 율령과 같이 시행하라.'는 의미다. 여기서의 율령은 국가의 법령이 아닌 부적에 쓰인 내용을 뜻한다. 이 또한 국가권력을 사칭하는 행태라고 하겠다.

급급여율령은 한나라 때 공문서 말미에 쓰던 말로, '율령(법령)에 따라 속히 처리하라.'는 뜻이다. 이를 후한後漢 말 쓰촨성(사천성) 지역에서 발원한 도교(천사도天師道 혹 오두미도五斗米道)에서 차용한 것이 점차 다른 부적에서까지 유행하게 된다. 이렇게 놓고 본다면, 칙령과 급급여율령은 황제의 명령과 국가 권력의 권위를 차용해 부적에 담긴 기원과 바람이 장애 없이 빠르게 성취되기를 기원하는 것이라고 하겠다.

칙령과 유사한 것으로 '봉칙奉敕'이 등장하는 경우도 있다. 봉칙이란, '칙명을 받든다.'는 의미다. 또 급급여율령은 불교 진언의 종결어인 '사바하'와 붙어 '급급여율령 사바하'로 나타내기도 한다. 사바하는 '원하는 것이 이루어진다.'는 의미로 진언의 끝에 붙고는 하는데, 이는 중국 문화와 불교의 결합인 동시에 도교와 불교의 조화라는 점에서 흥미롭다. 당시 글로벌한 부적 정도라고 이해하면 되겠다.

'급급여율령 사바하'는 누가 봐도 언밸런스한 조합이다. 이는 부적이 특정 신앙에 결부된 것이 아니라 종교를 초월해서 '나의 바람이 이루어지는 것'에 초점이 맞춰져 있다는 것을 분명히 보여준다. 어떤 사람들은 문제가 생겼을 때 '부처님, 하느님, 알라신'을 동시에 찾고는 하는데, 효율성만 좋다면 누구라도 상관없다는 이러한 인식이 부적에도 반영되었다고 볼 수 있다.

점 세 개와 원이삼점

| 원 안의 삼점과 그 특징에 대하여

한국 부적에서는 잘 보이지 않지만, 중국 부적에서 흔히 보이는 것 중에 점 세 개를 찍는 삼점三點이 있다. 삼점은 부적의 맨 위나 칙령 아래에 배치되는데, 칙령이 황제의 권위를 나타내는 것임을 고려한다면 삼점의 상징성도 크다는 것을 알 수 있다.

삼점은 하늘(천天)·땅(지地)·물(수水)을 의미하기도 하고, 성황신城隍神과 토지신土地神 그리고 조사祖師를 나타내기도 한다.

하늘·땅·물은 우리가 사는 세계에 대한 상징이다. 즉 이 세계의 모든 곳에서 부적의 힘이 발동한다는 의미다. 희랍신화 속의 세

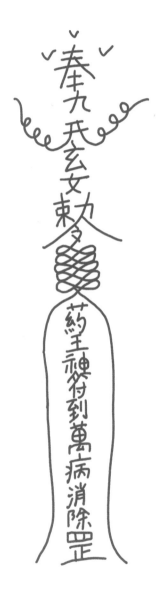

│ 건강을 기원하는 부적인 〈약왕부〉
  맨 위에 세 개의 점이 보인다.

계는 제우스의 하늘과 포세이돈의 바다, 그리고 하데스의 사후세계로 나뉜다. 이러한 3등분의 이해와 유사한 측면이 삼점에 내포되어 있다고 이해하면 되겠다. 삼점에는 하데스의 사후세계가 빠지는데, 이는 중국 문화가 유물론적인 속성이 강하며 대다수의 부적이 현실적인 문제 해결에 초점이 맞추어져 있기 때문이다.

중국 문화가 현세적이라는 것은 불교가 들어오기 이전에는 사후세계관이 발달하지 않았다는 점을 통해서도 분명해진다. 중국

| 조상의 제사를 지내는 공간인
사당을 그린 〈감모여재도感慕如在圖〉

문화에는 이 세계와 다른 별도의 사후세계가 존재하지 않는다. 죽은 뒤에도 이 세계의 연장선상에 머물러 있다고 생각했고, 그러므로 사당祠堂에 혼령을 상징하는 신위(위패)로 모셔둔다. 그리고 이러한 조상신을 위해서 때때로 음식을 바치기도 하는데, 이것이 바로 제사다. 이러한 유교의 독특한 사후세계 인식은 주자의 『주자어류朱子語類』 권3의 「귀신」 편을 통해서 확인해볼 수가 있다.

또 사후의 심판 역시 존재할 수 없으므로, 인간에 대한 판단은 이 세계의 역사를 중심으로 이루어지게 된다. 이는 공자의 역사 기술 방식인 '춘추필법春秋筆法'이나, 집안의 역사라고 할 수 있는 족보(보학)의 발달로 전개된다.

우리가 흔히 생각하는 동아시아의 사후세계에 대한 관념은 사실 불교의 전래 후에 확립된 것이다. 이는 사후와 관련해서 가장 유명한 염라대왕이 인도신화 속의 아담과 같은 최초의 인간이라는 것을 통해서도 매우 분명해진다.

유교가 정치철학적인 성격이 강하다면, 불교는 종교다. 또 인도는 윤회론을 기반으로 하는 사후세계의 비중이 크다. 그리하여 중국불교에서는 하늘·땅·물 이외에도 사후적인 명계를 포함하려는 움직임을 보이게 된다. 이것이 양무제(재위 502~549)를 기원으로 하는 '천지명양수륙재天地冥陽水陸齋'라고 하겠다. 여기서 '천지명양수륙'이란, 하늘과 땅 / 저승과 이승 / 물과 육지를 의미한다. 즉 하늘·땅·물이라는 이승적인 요소 외에도, '명冥'으로 상징되는 저승

부적의 비밀

이 포함되는 것이다.

다음으로 삼점이 성황신·토지신·조사를 지칭하는 것이라는 설은 더욱 흥미롭다. 성황신은 중국 신앙으로 도읍을 관할하는 문명 영역의 수호자다. 즉 집안의 관할자인 성주신의 영역이 도읍으로 확대된 존재라고 이해하면 되겠다. 토지신은 대지의 신으로 성황보다 범주가 크다. 즉 국가 안에 도시가 존재하듯이, 토지신의 영역 안에 성황신이 존재하고 그 안에 다시금 성주신이 존재하는 것과 같다.

토지신 > 성황신 > 성주신

재밌는 것은 마지막의 조사다. 조사는 선불교에서 말하는 이상 인격으로 깨달은 고승을 의미한다. 이는 송나라 때부터 선불교가 유행하자, 중국의 민속 신앙에서 조사를 기존의 신들과 대등한 존재로 인식했음을 알게 해준다. 즉 도교적인 성황신과 그 이전부터 존재하던 토지신, 그리고 불교가 섞여 하나로 조화되고 있는 것이다. 이 역시 종교나 신앙을 뛰어넘어 바람과 목적을 성취하기만 하면 된다는 부적의 실질적인 사고방식의 결과라고 하겠다.

이와 유사한 관점은 우리나라의 무속에서도 나타난다. 예컨대 9산선문 중 사굴산문을 개창한 강릉의 범일국사가 후에 태백산국사성황신 겸 강릉 단오제의 주신이 되는 것 역시 이와 같은 사고방

식의 결과라고 하겠다. 즉 강자에 의한 수호만 받으면 되지, 그 대
상을 왜곡해서 이해하는 것 등에는 큰 부담을 느끼지 않는 것이다.

삼점은 불교에서도 확인되는데, 동그라미 안에 점 세 개가 찍
혀 있는 '원이삼점圓伊三點'이 그것이다. 원이삼점이란 원 안에 존
재하는 삼점으로, 한자로 '저 이伊' 자에 해당한다. 이는 한자에서
'∴= 伊'이기 때문이다. 즉 원이삼점이란, '원 안에 존재하는 세 개
의 점으로 이루어진 이伊'라는 의미다.

불교의 원이삼점이란, 법신·반야·해탈이라는 불교에서 가장
중요한 세 가지 덕목을 상징한다. 또 이를 불·법·승의 삼보로 이
해하기도 하는데, 이로 인해 대한불교조계종은 원이삼점에서 원을
좀 더 굵게 처리해 이를 '삼보륜三寶輪'으로 공식화했다. 삼보륜이

| 대한불교조계종의 불·법·승을
의미하는 삼보륜三寶輪

| 원 안에 삼점(원이삼점)이 보이는 합천 해인사 대적광전의 좌측면

란, 불·법·승의 삼보가 법륜이 되어 모든 삿된 가르침을 물리치고 영원히 굴러간다는 의미를 가진다.

학립사횡을 아시나요?

불교적으로 부적의 삼점과 유사한 것으로는 경전의 제목 위에 붙는 두 개의 점, 즉 이점二點이 있다. 이는 언뜻 보면 넓게 벌어진 '써 이以' 자처럼 생겼다. 이를 '학립사횡鶴立蛇橫'이라고 하는데, '학은 세로, 뱀은 가로'라는 의미다.

'학은 세로, 뱀은 가로'라니, 이게 대체 무슨 뜻이란 말인가. 『시경』의 「대아大雅」와 『중용』에는 "연비어약鳶飛魚躍"이라는 말이 있다. '솔개가 날고 물고기가 물에서 튀어 오른다.'는 것으로, 일체 만물이 제자리에 있는 자연스러운 일상의 긍정을 의미한다. 마치 '산은 산이요, 물은 물이다.'라는 경지와 같은 것이라고 하겠다.

'학립사횡'을 학과 뱀과 연결해서 이해하는 것은 점 두 개를 찍는 방식 때문이다. 그러나 학립사횡에는 이것 외에도 깊은 뜻이 내포되어 있는데, 이는 『석문의범釋門儀範』을 통해서 확인된다. 이에 따르면, "학립이란 소탕만법掃蕩萬法이요, 사횡은 건립만법建立萬法 하는 것이다."라고 되어 있다. 해석하면, '학립은 일체를 쓸어버려 균질화하는 것이며 사횡은 모든 것을 성취하여 완성하는 것'이라는

| 학립사횡이 보이는 『대방광불화엄경』 권제40^(좌)과 『대방광불화엄경소』 권제30^(우)

말이다. 즉 죽이고 살리는 것에 자재한 부처님의 가르침을 상징하는 가치인 셈이다.

불경의 맨 앞에 위치하는 학립사횡의 이점도 진리를 전파하려는 강한 바람을 응축한 상징이라는 점에서 일종의 부적으로 볼 수 있다. 이럼 점에서 보자면 부적은 인간의 바람을 내포하는 '상징과 축약의 그림'이라고 하겠다.

한국 부적의
원류와 흐름

|

한국 부적의 기원을 찾아서

| 윷판 유적과 곡옥

동아시아 안에서 중국의 영향이 강력하기는 하지만, 한국적
인 특징 역시 신석기와 청동기시대부터 뚜렷하게 존재해왔다. 이
는 중국의 황허문명과 변별되는 요동반도 쪽의 요하문명(홍산문화)
을 통해서 인지해보는 것이 가능하다. 즉 우리에게는 선사시대부
터 변별되어온 중국과 다른 문화 패턴이 존재하는 것이다. 이런 점
에서 본다면, 한국 부적의 기원은 중국과 같다고 할 수 없다.

현존하는 유물로 판단해보면, 한국 부적의 기원은 윷판 암각화

| 요하문명의 홍산문화를 엿볼 수 있는 여신상의 얼굴

와 곡옥에서 찾는 것이 가장 바람직하다. 윷판 하면 흔히 윷놀이를 생각하지만, 윷판은 선사시대의 암각화부터 존재해온 연원이 아주 깊은, 이른바 한반도를 대표하는 가장 오래된 도상이다. 한반도 이남에 주로 분포되어 있는 윷판 암각화는 현재까지 발견된 것만 100여 점에 이른다.

| 임실군 가덕리 바위에 새겨진 윷판 모양의 유적

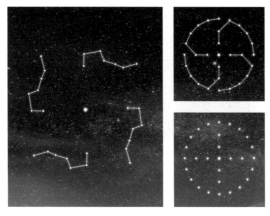

| 윷판의 기원이 된 북극성을 중심으로 펼쳐진 북두칠성

윷판은 중앙의 북극성을 중심으로 북두칠성이 동서남북으로 배열된 고대의 천문도다. 북극성을 중심으로 북두칠성의 변화를 알 수 있어야 밤에 방위를 찾는 것이 가능하다. 이 때문에 우리의 선조들은 이를 바위에 새기고 놀이로까지 만들어 교육했던 것이다. 즉 윷판은 선사시대 나침판의 역할을 했던 상징 기호인 셈이다.

조선시대의 〈승관도〉나 〈성불도〉 놀이가 유교의 관직 순서와 불교의 깨달음 과정을 놀이로 교육했던 것처럼, 윷놀이 역시 당시 절실했던 지식을 전승하는 방식으로 활용했다. 이런 점에서 본다면 윷판이야말로 그림으로 된 수호물로, 부적과 의미가 통한다고 하겠다.

다음으로 곡옥은 신라나 가야의 금관 장식 등에 널리 활용되

| 부적의 상징성과 연관 있는 곡옥

어온 가장 오래된 디자인 중 하나다. 쉼표가 확대된 모양의 곡옥은
'우주의 소용돌이'나 '태아의 모습' 그리고 '큰 동물의 송곳니' 등 다
양한 관점으로 이해되고 있다. 또 곡옥을 태극이나 삼태극과 연관
지어 생각해보는 것도 일정 부분 가능하다. 어떻게 보든지 간에 곡
옥은 군장의 권위를 상징하며, 신성한 의미를 내포한다는 점에서
길상과 벽사를 추구하는 부적과 그 의미가 맞닿아 있다.

물론 곡옥은 그림부적이나 문자부적의 범주에는 속하지 않
는다. 그러나 휴대가 가능한 패용의 관점에서는 곡옥 역시 부적의
범주에 포함될 수 있다. 갈홍(葛洪, 283~343년 추정)의 『포박자抱朴子』
「내편」에는 부적을 새긴 나무패를 휴대하는 내용이 수록되어 있
고, 서양에서도 토끼발(정확히는 왼발)은 행운을 상징하는 마스코트
로 열쇠고리로 제작해 지니고 다닌다.

문헌 속에서 찾아보는 한국 부적

| 신도와 울루 이야기

한국의 부적에 대한 가장 오래된 기록은 후한 시대의 학자인 응소(應劭, ?~204?)가 찬술한 『풍속통의風俗通義』「궁통鬼通」 가운데 '복숭아나무 패(도판桃板, 원래는 도경桃梗이며 후에 도판으로 바뀌게 된다)'를 들 수 있다. 기록에 따르면, 중국의 동해(우리의 서해) 건너에 도삭산度朔山이 있고, 그곳에 1,000여 리에 달하는 거대한 '반도蟠桃'라는 복숭아나무가 있다고 한다. 그 반도 뒤로 귀신이 나오는 귀문鬼門이 있는데, 이 문을 '신도神荼'와 '울루鬱壘'라는 두 신장이 지키고 있다. 이와 같은 상황을 본떠서 복숭아나무 판에 신도와 울루를 그려서 문에 붙이면, 모든 흉악한 귀신들이 범접하지 못한다고 한다.

도삭산이란, 태양이 떠오르는 것과 관련된 '시작의 산'이라는 의미다. 바로 이곳에 귀문이 있으며, 이곳을 통해서 악한 귀신들이 출몰하는 것이다. 이 귀문을 지키는 이중의 안전장치가 바로 '천상의 신물인 거대한 반도 복숭아나무'와 '귀문의 문신인 신도와 울루'다. 그러므로 이를 모사해서 복숭아나무 패에 신도와 울루를 그려 놓으면, 모든 삿된 기운과 흉악한 귀신들이 침범하지 못하게 되는 것이다.

반도는 3,000년에 한 번씩 열리는 복숭아나무로 이를 먹으면 신선이 된다고 하며, 왕충(王充, 30?~100?)의 『논형論衡』 등에서도 살

퍼진다. 후에 『서유기』에서 손오공이 천상에서 분탕질을 칠 때, 반도를 훔쳐 먹는 것으로 차용되는 신물이기도 하다. 이런 복숭아의 신성함 때문에 복숭아는 제사상에 올리지 않는 과일이며, 귀신을 쫓는 나무로 알려져 있다.

특히 태양의 기운이 양기를 머금고 있는 동쪽으로 뻗은 가지인 '동도지東桃枝(동쪽으로 뻗은 복숭아나무 가지)'는 에너지가 특히 강력하다. 여기에 해가 뜰 때 동도지를 자르면, 태양의 기운이 한 번 더 들어가게 되어 모든 귀신과 삿된 기운을 물리치는 신물이 된다. 이 때문에 동틀 때 자른 동도지를 문 위에 걸어두는 풍습도 존재한다.

신도와 울루에 대한 이야기는 『풍속통의』 외에도 고대의 다양한 이야기를 기록하고 있는 문헌인 『논형』이나 『산해경山海經』 등에서도 살펴진다. 신도와 울루의 삿된 귀신을 통제하는 능력으로 인해, 섣달그믐에 문에 신도와 울루를 그린 문배門排(문화門畵)를 붙이기도 하고, 그림이 여의치 않으면 글로 써서 대체하기도 했다. 중국의 이러한 풍습은 우리의 세시풍속을 기록하고 있는 『동국세시기東國歲時記』나 『열양세시기洌陽歲時記』 등에서도 확인된다. 즉 신도와 울루의 문배 그림은 조선까지도 왕궁을 필두로 폭넓게 수용되던 풍습이자 벽사의 부적이었던 셈이다. 그런데 이 신도와 울루의 기원이 중국의 동해 건너라는 점에서, 이를 한반도의 문화와 관련해서 이해해볼 수가 있는 것이다.

참고로 문배가 섣달그믐에 벽사의 의미로 붙이는 것이라면,

| 2022년 새해 광화문에 붙인 금갑장군 문배도

세화歲畵는 정초에 길상의 증장이라는 의미로 사용된다는 점에서 차이가 있다.

벽사계의 신화, 처용

| 처용도

처용과 역신(疫神, 전염병 혹 천연두)의 이야기는 우리나라 사람이라면 누구나 한 번쯤 들어봤을 법한, 『삼국유사』 「처용랑 망해사處容郞 望海寺」 조條에 수록된 설화다.

신라의 제49대 헌강왕(재위 875~886)은 수도인 경주의 주된 출입 항구인 울산으로 행차하게 된다. 그때 용왕이 나타나 국정 보좌를 위해 일곱 아들 중 처용을 보내준다. 이후 처용은 미녀와 결혼해 살게 되는데, 처용이 외출한 사이 역병의 신이 처용의 아내를 탐하여 문제가 된다. 그러나 초탈자인 처용은 오히려 '처용가'를 부르며 춤을 춘다. 처용의 관대함에 감복한 역신은 이후 문에 처용의 그림(처용도)이 붙어 있으면 들어가지 않겠다고 맹세한다. 이 이야기가 흥미로운 것은 오늘날 세균이나 바이러스에 해당하는 역신이 미녀를 탐한다(?)는 설정이다. 또 거사가 발각되자 처용에게 꼼짝 못 하며, 싹싹하게 사과하는 내용 역시 재미있다.

여기서는 두 가지를 이해해야 한다. 첫째는 의인화다. 동아시아에서는 오랜 농경문화 속에서 애니미즘, 즉 정령 숭배적인 요소가 강하다. 예컨대 수령이 오래된 나무나 오래된 사물 등은 모두 인간의 모습으로 변신할 수 있다는 것이다. 이는 갈홍의 『포박자』 「내편」에 상세히 기술되어 있다. 우리 식으로 치면 〈전설의 고향〉에서, 여우나 구렁이 또는 우렁각시나 산삼이 사람으로 변신해서 나타나는 것을 생각하면 되겠다. 이런 관점 때문에 전염병도 역신으로 의인화되는데, 특히 남성으로 나타나는 것은 강력한 파괴력을 의미한다.

둘째, 과거에는 질병과 액운을 구분하지 않고, 귀신이나 삿된 기운의 작용으로 뭉뚱그려서 이해했다는 점이다. 현대사회에서 병은 병원의 영역이며, 운은 종교나 징크스의 영역으로 완전히 구분된다. 그러나 무속이나 오래된 종교를 보면, 병과 운에 대한 기원이 통합되어 있는 것을 알 수 있다. 『황제내경』이나 『동의보감』 같은 의서에 부적이 등장하는 것도 이와 같은 이유에서다. 즉 양자가 구분되지 않고 뭉뚱그려져 있는 것이다. 이는 불교에서도 확인되는데, 약사여래는 질병의 치료자인 동시에 운명의 수호자이기도 하다. 이러한 사고방식 때문에 처용 그림이 역병(역신)을 물리칠 수 있는 구조가 확보되는 것이다.

이러한 두 가지는 부적을 넘어서, 동아시아의 종교와 정신문화를 이해하는 데 있어서 매우 중요하다. 그러니 반드시 기억해놓는 것이 좋다.

| 『악학궤범』 속 처용(우)과 처용의 탈(좌)

처용 설화는 '처용가'와 '처용무' 그리고 '처용 그림' 즉 〈처용도〉가 발생한 배경이 된다. 이 중 '처용무'는 2009년 유네스코 인류 무형문화유산에 등재되고, 처용문화제는 울산광역시를 대표하는 세계적인 축제로 성장한다. 또 '처용무'에는 필연적으로 처용탈이 등장할 수밖에 없는데, 이는 처용 그림과도 깊은 연관성을 갖는다. 즉 기원이 분명한 한국의 부적은 천년을 넘어서 오늘날에도 현존하며, 이제는 유네스코를 통해서 세계적인 위상을 확보하고 있는 것이다.

| 문헌 속의 처용

통일신라의 〈처용도〉는 우리나라 그림부적 중 가장 오래된 연원을 가지고 있다. 이에 반해 문자부적의 기록은 삼국시대의 신라로까지 거슬러 올라간다. 『삼국유사』의 「도화녀 비형랑桃花女 鼻荊郎」 조條에는 제25대 진지왕(재위 576~579)이 죽은 후 귀신이 되어 도화랑桃花浪과의 사이에서 낳은 아들인 비형랑에 관한 내용이 수록되어 있다. 즉 비형랑은 죽은 진지왕의 영혼과 과부인 도화랑 사이에 태어난 반신반인半神半人의 특수한 존재인 셈이다.

비형랑은 '반신半神'이라는 특수성 때문에 귀신과 요괴의 우두머리로 이들을 통제할 수 있었다. 그 덕분에 당시 사람들은 비형랑의 이름을 팔아 삿된 것이 범접하지 못하도록 했다고 한다. 이때 대문에 써 붙인 글이 바로 '성스러운 임금의 혼이 아들을 낳았으니, 여기가 바로 비형랑의 집이다. (그러니) 날고뛰는 잡귀의 무리들은 이곳에 머물지 마라(聖帝魂生子, 鼻荊郎室亭. 飛馳諸鬼衆, 此處莫留停).'이다.

비형랑의 아버지인 진지왕은 군주라는 권위를 내포하며, 어머니 도화랑은 벽사의 상징인 복숭아를 나타낸다. 그러므로 비형랑은 귀신과 요괴의 우두머리가 되는데, 사람들이 이런 비형랑의 위력을 빙자하여 집으로 들어오는 삿됨과 귀신을 물리치고자 했음을 알 수 있다.

처용 설화에는 처용 부적(처용도) 외에도 '처용가'라는 주문에 해당하는 측면이 존재한다. 즉 부주符呪(부적+주문)의 두 가지 양상이 모두 목도되는 것이다.

우리 문헌에서 확인되는 가장 오래된 주문은 『삼국유사』 「가

| 삿됨과 귀신을 물리치는 상징성이 돋보이는
비형랑 설화

락국기駕洛國記」에 수록되어 있는 A.D. 42년 김수로왕의 등장과 관련된 '구지가龜旨歌'다. 이때 아홉의 칸(간干)들은, 구지봉 꼭대기의 흙을 파고 춤을 추며 '거북아 거북아, 머리를 내밀어라. 내밀지 않는다면 구워 먹겠다(龜何龜何, 首其現也. 若不現也, 燔灼而喫也).'라고 하였다. 이는 춤과 주술이 결합된 것으로 '처용가'가 '처용무'와 더불어 진행된 것과 일치한다.

흥미롭게도 '구지가'는 신라 제33대 성덕왕(재위 702~737) 때, 용에게 납치된 수로부인水路夫人을 풀어주게 하는 주술 노래인 '해가海歌'와 유사하다. '거북아 거북아 수로(부인)를 내놓아라. 남의 부녀자를 앗아간 죄가 얼마나 큰 줄 아느냐! 네가 거역하고 내놓지 않는다면, 그물로 잡아서 구워 먹겠다(龜乎龜乎出水路. 掠人婦女罪何極. 汝若傍逆不出獻, 入網捕掠燔之喫).'이다. 이는 '구지가'의 주술성이 후대의 통일신라에까지 계승되었음을 알게 해준다. 주문이 개변되며 생명력을 유지하는 모습을 보여주고 있는 것이다.

| 당나라의 종규를 막은 처용

〈처용도〉나 비형랑의 집임을 나타내는 글을 붙이는 곳은 모두 문이다. 이는 문을 통해서 귀신이나 삿된 기운이 들고 난다고 생각했기 때문이다. 귀신이나 삿된 기운이 굳이 문으로 드나들까 싶지만, 예전 사람들은 이렇게 인식했고 실제로 문을 잠그면 이들이 들어올 수 없다고 생각했다.

그러나 꿈을 꿔보면, 꿈속의 우리들 역시 문으로 다닌다는 것을 알게 된다. 즉 고정관념에 의해서 발생하는 습관인 셈이다. 십분 양보해서 귀신은 문으로 드나든다고 하더라도, 삿된 기운이나 역신 역시 문으로 온다는 것은 재미있는 생각이 아닐 수 없다.

모든 길흉이 문으로 오간다는 생각은 문배나 세화 및 입춘대길의 '입춘첩'이나 '단오첩(혹 적령부赤靈符)' 등을 통해서도 확인되는 보편적 인식이다. 그러므로 '맞고 틀리고'를 떠나서, 전통문화의 이해와 관련해서 반드시 기억해둘 필요가 있다.

우리 문화에 역신을 막는 부적 백신으로 〈처용도〉가 있다면, 중국에는 '종규鍾馗'라는 백신이 있다. 송나라 고승高承이 찬술한 『사물기원事物紀原』에 따르면, 당의 제6대 황제이자 양귀비를 총애한 것으로 유명한 현종(玄宗, 재위 712~756)이 귀신에 의한 질환으로

| 중국에서 문배 역할을 했던 종규

고통 받고 있었다. 그런데 이때 강력한 종규 귀신이 나타나 그 귀신
을 해치우고 문제를 해결한다.

　　종규는 현종에게, 자신이 당나라를 개국한 고조(高祖, 이연李淵,
재위 618~626) 때 과거에 낙방하고 궁중에서 자살한 사람이라고 소
개한다. 그런데 당시 고조가 종규를 불쌍히 여겨 후하게 장사를 치
러주었으므로 이제 요괴와 귀신을 퇴치해서 그 은혜를 갚는다고
말해준다. 이 사건 이후로 현종의 병이 낫자, 종규를 그려 문에 붙
이는 풍습이 생겨나게 된다.

종규 그림을 최초로 그린 인물은 당나라를 대표하는 현종 때의 화가 오도현(吳道玄, 오도자吳道子, 685~758)이다. 오도현은 불교와 도교의 탈속적인 인물화를 잘 그린 화가로 유명하다. 즉 오도현에 의해서 종규 그림의 전형이 완성된 것이다.

종규 그림은 섣달그믐에 문에 붙였는데, 이는 종규 부적이 일정 부분 문배의 역할을 했다는 것을 의미한다. 흥미로운 것은 신도와 울루 그림이 우리나라에 많은 영향을 준 것과 달리, 종규의 영향은 극히 제한적이라는 점이다. 이는 비슷한 성격의 처용 부적이 종규 부적의 유입을 막았기 때문이다. 즉 국산의 처용 백신이 중국산 종규 백신을 막은 셈이다.

이와 유사한 현상은 불교에서 아이들을 보살피는 수호신인 귀

| 대영박물관에 소장 중인 〈귀자모〉(좌)와 우리네 삼신할머니(우)

부적의 비밀

자모鬼子母가 삼신할머니(삼신할매)의 벽에 가로막혀 유행하지 못한 것을 들 수 있다. 예전에는 영유아와 어린아이의 사망률이 높았기 때문에, 이 부분에 해당하는 신앙이 강력했다. 그런데 삼신할머니가 평정했으므로 신라와 고려가 불교 국가였음에도 불구하고 귀자모의 약진이 눈에 띄지 않은 것이다. 즉 삼신할머니의 내수시장 장악력과 선조들의 지지가 압도적이었던 것이다.

부적에서도 잉태와 출산 그리고 영유아와 어린아이에 관련된 부분은 큰 범주를 차지한다. 이는 부적이 당시 사회적인 요구와 요청을 어떻게 반영하며 발전했는지를 잘 나타내준다. 물론 여기에도 다수의 필요에 따른 수요와 공급이라는 시장의 원리가 작용되었다는 점은 주지의 사실이다.

〈달마도〉와 〈화엄일승법계도〉

〈처용도〉는 얼굴을 부각해서 그린다는 점에서 우리의 전통 회화에서 매우 특징적인 위치를 차지한다. 공재 윤두서(尹斗緖, 1668~1715)의 자화상이 얼굴만 그려진 것으로 주목받았지만, 이마저도 적외선 투시 검사 결과 상체가 확인되었기 때문이다. 사실 전체 속에서 부분으로 인물을 표현하는 동양화 전통에서는 일부의 초상화를 제외하고 증명사진 같은 상반신을 그리는 경우는 무척이

자연관과 세계관의 차이가 확연
히 드러나는 레오나르도 다빈치
의 〈모나리자〉와 정선의 〈산수
도〉. 정선의 산수도에는 폭포를
바라보고 있는 사람이 있다.

나 드물다.

정선의 〈산수화〉가 자연과의 조화에서 인물을 묘사하고 있다면, 레오나르도 다빈치의 〈모나리자〉는 산수山水를 배경으로 두고 인물을 부각시킴으로써 서로 대비되는 인식을 보인다. 즉 대자연 속에서의 인물 묘사와 자연을 배경으로 하는 인물의 부각이 뚜렷하게 차이를 보이는 것이다.

우리가 성을 쓰고 이름을 기입하는 것과 달리 서양에서는 이름을 쓰고 성을 적는다. 주소 역시 우리가 '서울시 송파구 잠실'처럼 대大에서 소小로 축소되는 모습을 보이는 데 반해, 서구에서는 내가 사는 곳을 맨 앞에 배치하는 소에서 대로 확대되는 양상을 띠고 있다. 즉 전체를 중시하는 동양과 개인을 중시하는 서양의 차이가 살펴지는 대목이다. 이런 점에서 〈처용도〉의 형태는 매우 특이하며, 이것이 역신의 예방이라는 주술적 목적에서 기존의 미감과 형식적이 측면에서 비교해보자면 매우 파격적이라 할 만하다.

〈처용도〉만큼은 아니지만, 상반신의 묘사에서 우락부락한 얼굴이 크게 강조되는 그림이 하나 더 있다. 바로 〈달마도〉다. 당나라 중기부터 중국불교는 점차 선불교 중심으로 재편되는 모습을 보이기 시작한다. 선불교는 외부적으로 드러나는 형식보다 내면의 깨침을 단도직입으로 투박하게 표현하는 걸 선호한다. 이와 같은 사상적인 흐름의 결과, 시불詩佛로 평가되는 왕유(王維, 699?~761?)에 의해 정신적 가치를 중시하는 남종문인화가 대두하게 된다. 이러한 문인화의 한 축에 〈달마도〉가 존재한다.

〈달마도〉는 선불교의 시조로, 당나라 말에는 중국불교의 주류가 되는 선불교 안에서 신격화되는 인물이다. 이로 인해 선수행의 깨달음과 관련해서 〈달마도〉가 유행하게 된다. 그런데 흥미로운 것은 달마의 모습이 자비로운 대승불교 보살의 이미지가 아닌 우락부락한 모습이라는 점이다. 이는 〈달마도〉가 자신을 극복하고 깨달음을 얻은 극기의 인간상을 표현함과 동시에, 민중적으로는 모든 삿됨을 물리치는 벽사의 그림으로 인식되었다는 것을 의미한다.

| 김명국, 〈달마도〉

| 소원 성취의 캐릭터가 된 달마의
다루마daluma 인형

특히 눈꺼풀 없이 툭 튀어나온 부리부리한 눈은 미혹에 빠지지 않는 깨달음을 상징하며 삿됨이 범접할 수 없는 사방 주시의 관점으로 이해되기 용이했다. 〈달마도〉의 가장 큰 특징은 간결한 선으로 표현된 신체에 비해 얼굴이 유독 부각되어 묘사된다는 점이다. 이는 얼굴만 강조해서 그리는 〈처용도〉와 〈달마도〉의 관계를 이해하도록 해준다.

〈달마도〉의 벽사 기능은 오늘날까지 〈달마도〉가 수맥 차단에 효험이 있다는 등 신비적인 그림으로 이해되는 배경이 된다. 실제로 달마 인형(다루마)은 소망하는 바를 반드시 성취한다는 기원의 의미로 사용되기도 한다.

한편, 불교의 든든한 지원을 등에 업은 〈달마도〉의 약진은 이후 〈처용도〉가 약화되는 배경이 된다. 그러나 〈달마도〉가 집 안에 걸리는 그림이라면, 〈처용도〉는 모든 삿됨이 범접하지 못하도록

| 60권 『화엄경』의 핵심을 도상학적으로 구현한 〈화엄일승법계도〉

문밖에 붙이는 그림이라는 점에서 본질적인 차이가 있다.

〈처용도〉에 상응할 수 있는 불교적인 그림이 〈달마도〉라면,
비형랑의 글씨 부적에 상응할 수 있는 것으로는 의상대사(625~702)
의 〈화엄일승법계도華嚴一乘法界圖〉(혹 〈법계도〉) 즉 「법성게法性偈」가
있다. 물론 〈처용도〉나 비형랑보다 〈달마도〉의 성립이나 의상대사
의 연대가 더 빠르다. 이는 불교에서는 본래 부적의 의미가 아닌 깨
달음을 목적으로 〈달마도〉나 〈법계도〉가 제작되었지만, 후에 이들

그림이 가진 강력함에 의해 〈달마도〉나 비형랑의 문자부적을 대체하게 되었음을 알게 한다. 즉 〈처용도〉보다 〈달마도〉가 더욱 강력하고, 비형랑의 문자부적보다 의상대사의 〈법계도〉가 더 신묘하다는 인식이 민중적인 지지를 받으며 대체하는 현상이 나타난 것이다.

〈법계도〉는 대승불교의 최고 경전인 60권 『화엄경』을 210자의 게송으로 축약한 한국불교의 압권이라고 할 수 있는 저술이다. 한국 화엄종의 시조인 의상대사는 668년 〈법계도〉를 찬술해서 스승인 지엄(智儼, 602~668) 스님에게 찬사를 받는다. 또 210자를 단순히 7언 30구로 나열한 것이 아니라, 진리(法)에서 붓다(佛)로 완성되는 중첩된 네모의 54각으로 이루어진 하나의 아름다운 문자 만다라를 구성하고 있다. 의상이 〈법계도〉를 통해서 구현한 문자

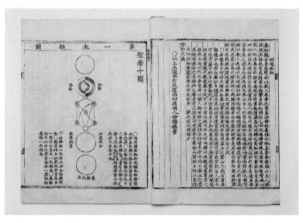

| 이황의 『성학십도』에서 문자 도상으로 표현한 제1 태극도

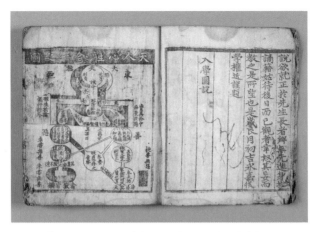

| 권근의 『입학도설』에서 도상학적으로 표현한 부분이 눈에 띈다.

만다라의 구조는 이후 7세기 말에서 8세기 초, 명효(明皛, 생몰연대 미상)의 〈해인도海印圖〉로 계승된다.

또 의상에게서 시작된 문자 도상, 즉 문자를 활용한 그림(문자도文字圖)은 한국 유교에도 큰 영향을 주어, 양촌 권근(權近, 1352~1409)의 『입학도설入學圖說』이나 퇴계 이황(李滉, 1501~1570)의 『성학십도聖學十圖』 등으로 계승된다.

금강경탑다라니

〈법계도〉가 『화엄경』의 핵심을 축약한 그림이라면, 〈금강경 탑다라니〉는 선불교에서 가장 중요하게 여기는 『금강경』 전체를 하나의 연결구조 속에서 탑으로 형상화한 문자 만다라다. 즉 『금강

신묘한 힘이 있다고 믿었던 〈금강경탑다라니〉

경』이라는 부처님의 가르침이 화려한 목탑 형식의 법신사리法身舍利로 재창조된 것이 바로 〈금강경탑다라니〉인 셈이다.

법신사리란, 석가모니를 다비(화장)한 후 수습된 영골사리靈骨舍利와 달리 부처님의 가르침을 사리의 관점으로 수용한 것이다. 즉 진리의 핵심이라는 의미에서 법신사리라고 하는데, 그 기원은 기원 전후의 연기게송(이것이 있으므로 저것이 있고, 이것이 없으므로 저것도 없다. 이것이 생겨나므로 저것이 생겨나고, 이것이 멸하므로 저것도 멸한다.)으로까지 거슬러 올라간다. 그런데 이런 전통이 당나라의 선불교 발전과 더불어 〈금강경탑다라니〉로 이어지고 있는 것이다.

〈금강경탑다라니〉는 『금강경』의 경문으로 구성된 탑 모양의 다라니, 이른바 최고의 진언이라는 의미다. 즉 『금강경』은 단순한 경전의 의미를 넘어서, 신묘한 구제의 힘을 발휘할 수 있는 특별한 다라니로 인식되는 것이다.

북송 때인 977년에 편찬된 『태평광기太平廣記』권105의 「손명孫明」에는, 당나라 때 손명이 생전에 『금강경』을 독송한 공덕으로 환생하고 수명이 연장되는 내용의 기록이 있다. 선불교의 유행과 더불어 이와 같은 『금강경』이 죽음을 극복하고 사후에도 평안을 준다는 인식으로 인해, 불교에서는 돌아가신 분의 관에 〈금강경탑다라니〉를 덮어준다. 또 49재나 천도의식에서도 〈금강경탑다라니〉는 고르게 사용된다. 돌아가신 분을 천상세계(천당)나 극락으로 인도하는 중요한 상징물 중 하나가 바로 〈금강경탑다라니〉인 것이다.

불교는 깨달음을 통해 대자유를 성취하는 것을 목적으로 하는 종교다. 또 인도는 진언 문화가 발달한 곳이다. 이런 점에서 인도 적인 불교가 중국으로 전래하면서, 점차 문자와 그림이 조화된 문 자 만다라(문자도)와 같은 측면이 나타나게 된다. 또 동아시아 전통 의 그림에 의지하는 부적 문화 역시 불교의 약진 덕분에 일정 부분 불교적인 측면으로 대체되는 모습이 확인된다. 이는 부적에 남아

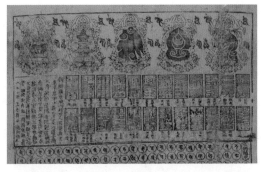

| 불교의 부적 수용을 보여주는 다라니 도상과 부적들(위)
| 탑과 연꽃 및 범어 진언 문자가 부적과 함께 도상화되어 당시 불교 시대상이 반영된 인쇄물(아래)

있는 불교의 진언인 '옴唵' 자나 '불佛' 자 등을 통해서 확인해볼 수 있다.

또 후기 인도불교인 밀교는 힌두교의 영향에 의해 도상과 그림 등이 발전한 불교다. 이 밀교의 중국 전래와 당나라 중기의 유행은 이후 인도와 동아시아라는 두 문화가 더욱더 긴밀하게 조화될 수 있도록 하는 가교 역할을 하게 된다. 왜냐하면 밀교의 만다라나 진언 자체를 도상으로 표현하는 방식은 부적과 습합될 수 있는 요소가 충분했기 때문이다.

실제로 〈불정심다라니佛頂心陀羅尼〉를 도상으로 표현한 것은 인도불교의 도상이 부적과 연결될 수 있다는 것을 잘 나타내준다. 또 1268년 제작돼 수원 용주사 탑에 봉안된 고려시대의 부적 10종 등은 불교의 부적 수용 연원이 상당하다는 것을 의미한다.

불교의 부적 수용은 중국 문화가 강하게 작용하는 유교의 조

│ 월정사성보박물관에 소장
　중인 불상의 내부(복장)에서
　나온 다라니와 부적들

│ 수원 용주사 탑에서 나온 고려시대 부적들

선에 오면 더욱 두드러진다. 이는 조선시대에 간행된『불교의식
집』이나『진언집』에 일부나마 부적이 수록되어 있는 것을 통해서
확인해볼 수 있다. 여기에서 발견되는 대부분의 부적은 '소망성취
부所望成就符(소원이 이루어지는 부적)'나 '선신수호부善神守護符(좋은 신이
수호해주는 부적)' 또는 '재난소멸부災難消滅符(모든 재난이 사라지는 부적)'
나 '금은자래부귀부金銀自來富貴符(금은 재물로 부귀하게 되는 부적)'와 같
은 세속적인 것들이다. 이는 비불교적인 문화가 불교로 수용되었
다는 것을 의미한다.

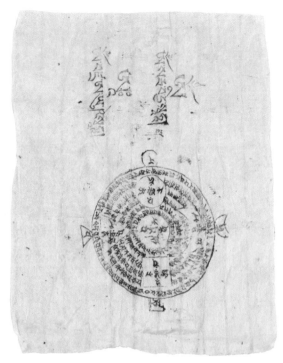

| 범어 '옴ॐ' 자가 중앙에 있는 불상 후령통 출토 부적 도상 다라니

그런데 흥미로운 사실은 이러한 부적 가운데 '당생정토부當生
淨土符(극락정토에 왕생하는 부적)'나 '멸죄성불부滅罪成佛符(죄를 소멸하고
성불하는 부적)' 또는 '파지옥생불토부破地獄生佛土符(지옥을 깨트리고 불국
토에 태어나는 부적)'처럼 극락정토에 왕생하고 성불에 이르기 위한 부
적도 존재한다는 점이다. 이는 부적 문화의 영향으로 동아시아 불

교 역시 변모했다는 것을 나타내준다.

불교에 수용된 부적은 대개 불보살상이나 탑 안에 봉안되거
나, 신도의 매장 등에 사용되곤 하였다. 이는 사회적인 변화의 요구
에 순응하는 불교의 모습을 이해할 수 있도록 해준다. 그렇지만 불
교의 부적 수용은 제한적이어서, 본말이 전도되는 양상을 초래할
정도는 아니었다.

또 불교와 관련해서는 진언을 표기하는 인도 문자인 범어를
부적화한 측면도 다수 발견된다. 이는 동아시아의 부적 문화를 수
용하는 과정에서, 이를 불교의 진언 문화로 극복하려는 모습으로
이해해볼 수 있다. 즉 불교 입장에서 부적은 외부적 충격이라고 할
수 있으며, 진언의 문자인 범어를 통한 부적의 극복은 외부적 충격
에 대한 내부적 반향과 주체적인 대응이라고 할 수 있겠다.

도교와 불교 세계관이 결합한 부적, 〈칠성부〉

부적은 내용 면에서 크게 길상과 벽사로 구분된다. 길상은 밀
교식으로 말하면 증익법增益法인 '이익을 증대시키는 방법'에 해당
하며, 벽사는 식재법息災法인 '재앙을 소멸하는 방법'에 해당한다.
쉽게 말해서 선을 증장하고 악을 소멸하는 두 가지 범주라고 이해
하면 되겠다. 물론 이외에도 신선이 되는 부적이나 첩을 떼는 것 등

길상과 벽사로 묶이기 어려운 것들도 존재한다. 그러나 이는 하나의 범주를 구성하기에 어려운 측면이 있다. 즉 기타 항목 정도가 추가로 가설된다고 하겠다.

부적의 내용적인 범주 ┬ ① 길상
                     ├ ② 벽사
                     └ ③ 기타

| 하늘의 중심, 북두칠성

〈칠성부七星符〉는 도교의 북두칠성 신앙을 바탕으로 불교적인 요소가 가미된, 이른바 모든 소망을 이루어주는 부적이다. 전체적으로는 밖은 둥근 원이고 안은 네모인 방형으로 되어 있는데, 이는 동아시아 전통의 우주론인 천원지방설天圓地方說에 근거한 것이다. 둥근 원 안에 네모가 있는 엽전의 형태와 유사하다고 이해하면 되겠다.

맨 바깥쪽의 원 안에는 요철로 반복되는 결계를 둘러, 그 안쪽이 신성한 천상 공간임을 나타내고 있다. 안쪽의 공간은 천상의 지존인 북극성 즉 자미대제紫微大帝(불교식으로는 치성광여래熾盛光如來)의 공간을 상징하며, 이를 둘러싼 네모는 자미대제의 황궁과도 같은 자미원紫微垣을 나타낸다. 여기에는 자미라는 황색과 더불어 최고의 존귀함을 내포하는 자주색(자색)의 상징을 살펴볼 수 있다.

| 〈칠성부〉(좌)와 엽전(우)에서 확인되는 천원지방설의 우주론

북극성은 지구의 자전축에 위치한다. 이 때문에 모든 별은 회전하지만, 북극성은 회전하지 않는다. 이로 인해 고대인들은 북극성을 별들의 왕으로 판단했다. 그리고 황제들은 북극성과 자미원을 모방하려고 했다. 즉 지상에서 북극성과 기운이 통하는 존재가 황제이며, 황궁은 자미원에 상응해야 한다는 것이다. 이는 진시황의 함양궁咸陽宮이 자미원을 모사했다는 것을 통해서도 자못 분명해진다.

북극성은 요즘의 별자리로 보면 작은곰자리에 속한 별이며, 북두칠성은 큰곰자리의 꼬리 쪽 7개 별에 해당한다. 〈칠성부〉를 보면 원 안의 네모 위로 북두칠성이 그려져 있다. 북두칠성과 대응하는 나머지 세 곳에도 별자리가 그려져 있는데, '삼공성三公星(태사·태보·태부)'과 '삼태육성三台六星(상태·중태·하태)' 그리고 '북극오성北極五星'을 표현한 것이 아닌가 한다.

〈칠성부〉의 핵심은 북두칠성이라고 할 수 있는데, 도교에서

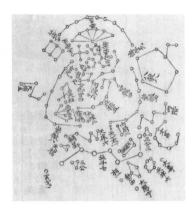

| 자미원과 그 주변의 별자리들

| 현대의 자미원 쪽 별자리 분포도

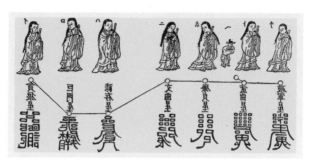

| 북두칠성 각각에 따른 일곱 장의 〈칠성부〉

는 북두칠성을 죽음을 주관하는 사명신(死命神, 죽음의 신)으로 이해
한다. 이 때문에 음력 7월 7일인 칠석날에 실타래를 올려놓고 북두
칠성에 장수를 기원하는 의식을 행한다. 또 북두칠성의 각각은 인
간의 길흉화복을 관장하기도 한다. 이 때문에 북두칠성 각각에 따
른 일곱 장의 〈칠성부〉도 존재한다.

　칠성은 죽음의 신이기 때문에 동아시아에서는 사람이 죽으면
북두칠성이 새겨진 칠성판에 시체를 누이고 일곱 번 묶는다. 이는
죽은 사람을 북두칠성에게 보내고, 사후에서의 길함을 염원하는
행위다.

　〈칠성부〉 맨 안쪽의 방형에는 위아래로 밀교에서 가장 강력한
진언으로 평가되는 〈육자대명왕진언六字大明王眞言〉인 '옴마니밧메
훔(오! 연꽃 속의 지극한 보주여!)'이 있다. 그리고 좌우에는 수륜·화륜·
풍륜·토륜을 표기해 불교 우주론에서 말하는 이 세계의 적층 구조

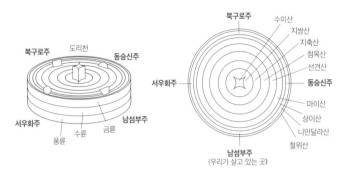

북구로주　도리천　동승신주

북구로주　수미산
지쌍산
지축산
첨목산
선견산

서우화주　동승신주

마이산
상이산
니민달라산
철위산

서우화주
풍륜　수륜　금륜
남섬부주

남섬부주
(우리가 살고 있는 곳)

| 불교의 우주관

를 나타내준다. 그러나 불교 우주론이 기록되어 있는 『장아함경長阿含經』의 「세기경世記經」이나 『구사론俱舍論』의 「분별세품分別世品」 등에 의하면, 이 세계의 적층 구조는 '풍륜風輪 → 수륜水輪 → 금륜金輪'의 삼륜으로 〈칠성부〉와는 다소 차이가 있다.

수·화·풍은 륜이라기보다는 우주의 소멸(괴겁壞劫)에 나타나는 재앙과 관련되며 '대삼재'라고 한다. 수·화·풍의 삼륜 이외에 마지막 토륜은 우리가 사는 대지를 의미하는 정도라고 이해하면 된다. 즉 전체적으로 삼재설과 불교 우주론이 어정쩡하게 결합되어 있는 수준이라고 하겠다.

지륜·수륜·화륜·토륜의 사륜 좌우 중간에는 범어로 '옴'과 '남'이 쓰여 있다. '옴남'은 한국불교의 기도 독송집인 『천수경』에 등장하는 〈정법계진언淨法界眞言〉, 즉 법계인 이 세계를 맑히는 진언이다.

또 맨 안쪽의 자미대제의 상징 공간에는 7자 4행으로 된 일종의 주문이 쓰여 있다. 그 내용은 "아본천태녹발옹我本天台綠髮翁 삼척장검재수중三尺長劍在手中 작야상제엄령하昨夜上帝嚴令下 일휘장검참악신一揮長劍斬惡神"이다. 해석하면 '나는 본래 천태 즉 자미대제가 계신 곳의 푸른 머리칼과 수염을 가진 나이 많은 신선(녹발옹)으로, 이제 삼척(약 90cm, 혹 75cm)의 긴 칼이 내 손에 쥐어져 있다. 어젯밤에 상제(자미대제)께서 엄히 하명하신 것이 있으니, 단 한 번의 장검을 휘둘러서 모든 악신을 베어버리겠노라.'이다.

이렇게 놓고 본다면, 〈칠성부〉는 사명신이자 인간의 삶을 주관하는 북두칠성을 중심으로 북극성의 상징 및 중요 별자리를 통한 수호, 그리고 불교적인 세계관 속의 '옴마니밧메훔'이라는 벽사와 깨달음이 담겨 있으며, 끝으로 자미대제의 권위를 빌려 장검으로 모든 악신을 물리치는 구조임을 알 수 있다. 즉 도교와 불교가 결합된 전방위적인 수호와 길상의 부적이라고 하겠다.

II

문명 발전에
영향을 미친
부적의 세계

믿음의 상징, 부적

고급 레스토랑의 특징 중 하나는 포크나 나이프 등이 나오는 음식에 맞춤하여 그때그때 세팅되어 제공된다는 점이다. 물론 일률적으로 판단할 수는 없지만, 저렴한 집일수록 메인에서 후식까지 하나의 도구를 사용하는 경향이 있다. 주거도 마찬가지다. 고급 주택일수록 안방과 옷방 그리고 침실과 서재 등으로 용도에 맞추어 구분된다.

그리고 보면 문명의 발달 역시 하나의 총체적인 가치가 점점 더 세분화되는 과정과 다르지 않다. 하기야 분자가 원자로 그리고 전자, 양성자, 중성자 … 쿼크까지, 과학의 발달 역시 세분화와 무관하지 않다.

이렇다 할 문명이 없던 시대로 거슬러 올라가면, 신의 영역은 절대적이다. 그러나 문명의 발전과 더불어 신의 영역은 점점 축소되었다. 오늘날 현실에서 신의 영향력은 미미하며, 그저 사후세계를 주 무대로 활동하고 있을 뿐이다. 즉 '죽어서 보자는 놈' 정도가 현대사회의 신인 것이다.

종교 역시 과거에는 학교, 은행, 병원, 시장, 극장, 복지 등의 영역을 아우르고 있었다. 그러나 오늘날에는 이들 범주가 차례로 독립하면서 중세까지 절대적이었던 종교의 영역은 극히 제한적인 부분으로 축소된다. 현대사회의 종교는 개인의 선택에 따른 취향적 판단 또는 선택적 가치 정도로 인식될 뿐이다.

원시 문화의 통합성과 부적

│길상과 벽사의 부적

독일의 철학자이자 미학자인 테오도르 W. 아도르노의 『미학 이론』에 따르면, 원시시대의 바디페인팅에서 예술과 종교의 기원을 찾고 있다. 이는 부적이 아주 오랜 기원을 가진 원시 문화의 소산이라는 점을 분명히 해준다. 또한 부적의 영향 범위가 만병통치약처럼, 매우 넓고 크다는 것을 의미하는 것이기도 하다.

부적의 용도는 크게 '길상의 증장'과 '삿됨의 배척'으로 구분된다. 여기에서 삿됨이란, 삿된 기운일 수도 있고 불행일 수도 있으며 악령과 같은 귀신의 장난이나 저주 및 질병의 나쁜 것을 포함하는 개념이다. 즉 모든 귀신을 포함하는 나쁨의 총체가 삿됨인 것이다. 길상 역시 마찬가지다. 왕성한 행운에서 출세와 승리 그리고 신의 수호와 신선이 되는 것까지 모두를 포함한다. 실로 넓은 영역이 아닐 수 없다. 이는 이들 개념이 아주 오랜 연원을 가지고 있기 때문이다.

원시 문화는 빛과 어둠처럼, 음양으로 간명하게 좋은 것과 나쁜 것을 대비시킨다. 때문에 질병은 삿된 기운이나 귀신 때문일 수 있으며, 저주가 원인이 되기도 한다. 그러므로 무당은 병의 치료자인 동시에 악령의 퇴마사이고, 운명을 열어주는 개운의 주술사이기도 한 것이다.

무당의 역할과 범위가 큰 것처럼, 부적 역시 전방위적이다. 즉 의사가 한 명인 종합병원이나 판매자가 한 명인 백화점을 생각하면 되겠다. 아니 그보다는 없는 것 빼고 다 있다는 어렸을 때의 구멍가게를 떠올리면 어떨까? 이처럼 부적의 종류는 매우 다양하다.

사실 원시 문화의 만병통치약 같은 요소는 무교나 부적에만 있는 것은 아니다. 의학의 연원이 복희씨 다음의 신농씨神農氏까지 거슬러 올라간다는 한의학도 마찬가지다. 흔히 『동의보감』의 허구성을 말할 때 자주 거론되는 것 중 하나로 「잡병雜病」 편에 나오는 은형법隱形法, 즉 '투명인간'이 되는 처방이 있다. 해리포터의 투명

망토와 같은 허황한 이야기가 동아시아 최고의 의서이자 2009년 유네스코 세계기록유산으로 지정된 『동의보감』에 수록되어 있는 것이다.

뿐만 아니라, 『동의보감』 「잡병」에는 귀신을 보는 처방인 '견귀방見鬼方'도 있다. 귀신을 쫓는 것을 넘어서 귀신을 보는 방법도 존재하는 것이다. 거짓말처럼 들리겠지만 모두 사실이다. 이런 정도라면, 『동의보감』 「잡병」편 권10의 부인婦人에 아이를 빨리 낳는 '최생부催生符'와 산실의 토지를 빌리는 '차지법借地法' 주문과 여기에 '급급여율령칙急急如律令勅' 등이 수록되어 있는 것은 약과라고 하겠다. 즉 『동의보감』에서 다루는 의학의 범주는 현재 우리가 생각하는 것과 큰 차이가 있는 것이다.

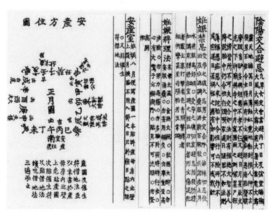

| 『동의보감』에 수록된 안산방위도

그러나 한 번 더 생각해보면, 한의학 역시 오래된 문화를 기반으로 하기 때문에 무당과 같은 폭넓은 대응점을 가지고 있고, 『동의보감』에 이런 요소들이 삽입되어 있는 것은 당연하다 하겠다. 물론 투명인간이나 귀신을 보는 처방이 실제로 작동하는 것은 아니다. 그런데도 이런 허구를 수록하고 있는 것은 인간의 모든 문제에 대응해야 하는 필연성이 『동의보감』에 존재하기 때문이다.

신농씨가 한의학의 시원자라면, 부적의 기원인 〈하도〉는 신농보다 빠른 복희씨와 관련된다. 즉 기록으로만 놓고 본다면, 부적의 연원이 한의학보다도 더 오래된 셈이다. 이는 부적에 더 많은 허구가 존재할 수밖에 없음을 의미한다.

사회상을 담고 있는 부적

시대에 따라서 미의 기준이 바뀌듯, 부적 역시 당시의 주된 문제의식을 공유한다. 어떤 이들은 무속인에게 가서 자녀가 갈 대학의 방위를 듣고 오는 경우도 있다. 그러나 점占 치는 내용에 대학의 방위 따위란 있을 수 없다. 왜냐하면 조선시대에 대학이란, 한양의 성균관 하나뿐이었기 때문이다. 그러므로 여기에는 방위를 따져서 선택하거나 할 여지가 전혀 존재하지 않는 것이다. 학교가 하나뿐인데, 안 맞는 방위면 어떻고 맞는 방위면 어쩌란 말인가!

부적에는 임신과 출산에 대한 비중이 크다. 과거에는 임신과 출산에 따르는 위험이 현재보다 현저히 컸기 때문이다. 그러나 오늘날 큰 비중을 차지하는 불임 문제를 해소하는 부적은 적다. 결혼 적령기가 높아진 현재와 달리 이전의 조혼 시절에, 잉태는 큰 문제가 되지 않았던 것이다. 특히 첩도 둘 수 있는 상황에서 임신이 당시 사람들의 주된 고민은 아니었을 것이다.

'합격부'의 비중도 적다. 조선에서도 시험이 존재하기는 했지만, 이는 극소수 사람에게만 해당하는 특수한 문제였기 때문이다. 이런 점에서 누구나 겪어야만 하는 질병이나 귀신 등에 비해 비중이 낮은 것은 지극히 당연하다. 또 사회의 특성상 이사나 집의 매매 등과 관련된 부적의 비율도 낮았다. 오늘날에는 교통의 발달로 이사 등에 따른 이동이 빈번하지만, 농경사회에서의 이사란 특별한 경우를 제외하고는 거의 일어나지 않는 일이기 때문이다.

실제로 현재에도 전해지는 부적에는 '자물쇠를 푸는 부적'(289쪽)이나 '목에 걸린 가시를 해소하는 부적'(286쪽), '첩을 떼는 부적'(292쪽) 등 오늘날에 보면 우스운 내용의 부적들이 여럿 있다. 이런 부적들은 망가진 자물쇠에 의한 당혹감과 제대로 된 족집게가 없던 시절의 사연을 내포하고 있다.

또 첩의 문제는 지금은 법적으로 존재할 수도 없는 일이지만, 이와 관련된 부적은 사랑을 잃은 부인들의 애환과 극심한 스트레스를 받은 정황을 방증하고 있다. 물론 이런 부적들이 얼마나 효과가 있었을지 짐작해보는 것은 그리 어렵지 않다. 그러나 이를 통해서 단순히 웃고 넘기기보다는 이렇게라도 부적에 의지해야 했던 당시 '웃픈(웃기고 슬픈)' 현실을 이해해볼 수 있다는 점이 중요하지 않을까.

이런 점에서 부적은 그 시대의 고민과 생활상을 반영한다고 하겠다. 즉 부적 역시 시대의 요청을 반영하고 시대의 애환과 함께하는 문화적 산물로서, 또 다른 의미의 시대를 읽는 거울이라고 할 수 있겠다.

귀신의 존재에 대한
믿음과 벽사 부적

우리와 함께 살아가는 귀신

불교는 인도 문화인 윤회론을 기반으로 한다. 그러므로 사람이 죽으면 49일 동안 존속하다가 다음 생으로 윤회하게 된다. 이 중간의 49일을 중음中陰(중유中有) 기간이라고 하며, 이때 좋은 곳으로 가기를 기원하는 종교의식이 바로 49재다.

그러나 동아시아 전통에는 윤회론이 없다. 이에 따르면 귀신은 죽은 후에도 산 사람과 함께 존재하게 된다. 즉 눈에는 보이지 않지만 같은 공간 안에 함께 존재하는 것이다. 이 때문에 제사를 통해, 주기적으로 제삿밥이라는 에너지를 공급해주어야만 한다.

| 3년 시묘살이

　사람이 죽으면 삶에서의 습관이 있으므로 귀신에게도 세끼를 챙겨준다. 최근에는 3일장이면 3일 동안만 세끼를 올리지만, 과거에는 3년상이 끝나는 대상大喪 기간 동안 매일같이 세끼를 챙겼다. 이러한 세끼를 차리는 것이 시묘살이의 주된 일과다.

　그러나 3년상이 지나고 나면, 귀신도 점차 죽음의 세계에 적응하게 된다 한다. 그러면 음식을 산 사람처럼 먹을 필요가 없다. 즉 가끔씩만 먹으면 되는데, 이것이 제사와 차례다.

　다만 제사가 자가용과 같은 개별성을 가진다면, 차례는 대중교통과 같은 전체 조상에 대한 합동의례라는 점에서 차이가 있다. 또 차례茶禮는 '차'라는 명칭에서부터 알 수 있듯이 불교의 영향을 받은 낮(밝을 때)의 의례고, 제사는 밤(자시, 23~1시)의 의례라는 점에서도 차이가 존재한다.

　　　　　　　　　　　　　　　　　　　　　　　　부적의 비밀

그렇다면 제사는 영원히 지내는 것인가? 그렇지 않다. 일반적으로 우리나라의 제사는 고려 말 백이정(白頤正, 1247~1323)이 1308년에 전래한 『주자가례朱子家禮』에 입각해서 4대 봉사四代奉祀, 즉 '부모→조부모→증조부모→고조부모'까지만 모신다. 4대 봉사에서 봉사란, '제사를 받든다.'는 봉제사奉祭祀의 줄임말로 위로 4대까지 지내는 제사라는 의미다.

동아시아 전통에서 귀신은 영생의 존재가 아니라, 삶의 에너지가 유지될 때까지만 존속하는 유한적인 존재다. 마치 달리던 기차가 브레이크를 밟으면 1km 정도를 더 전진하다가 정지하는 것처럼, 영혼 역시 일정 기간이 지나면 흩어지게 된다. 이는 기氣철학에 입각한 판단인데, 주자의 『주자어류朱子語類』 권3의 「귀신」 편 등에 비교적 소상히 밝히고 있다.

귀신은 제사를 통해서 에너지를 공급받지만, 이 정도의 에너지 공급으로는 오래 존속하지 못한 채 새벽안개가 동이 트면 사라지듯 점차 옅어지면서 흩어지게 된다. 이 기간을 후손의 기억이 남는 4대 정도로 추정한다. 즉 4대 봉사인 셈이다.

예전에는 조혼早婚을 했기 때문에 장손은 고조까지 보는 경우도 일부 가능했다. 이러한 상황에 맞춰진 것이 바로 4대 봉사인 것이다. 또 『주자가례』에 의하면, 4대 봉사는 본래 사대부 이상의 신분이 높은 사람들이 지내는 제사 방식이었다. 그러던 것이 조선 후기에 신분제가 붕괴되면서 누구나 양반을 칭하다 보니, 4대 봉사가 기본 의례처럼 되고 말았다. 그러다가 조선이 해체되는 구한말에는 길에서 싸우면서도 '이 양반'이 '저 양반'을 찾는 상황이 되다 보니, 4대 봉사가 일반화되는 것은 당연한 일이었을 것이다.

4대 봉사의 확립은 귀신의 존속 기간이 대략 80년 정도 된다는 것을 의미한다. 그렇다면 그 이후에 귀신은 어떻게 될까? 귀신은 태양 빛에 노출된 물이 증발하고, 해가 뜨면서 새벽이슬이 사라지는 것처럼 스러지게 된다. 동아시아의 귀신론은 모든 것을 기운의 응축과 흩어짐, 즉 기의 이합집산으로 이해하는 기론氣論(기철학)을 따르기 때문이다.

주자는 『주자어류』「귀신」에서, '만일 오래된 귀신이 흩어지지 않는다면 이 세상은 귀신으로 가득 차서 움직이기도 어려울 것'이라는 재밌고 해괴한 주장을 전개하고 있다. 이는 귀신이 일종의 특수 물질이며, 반드시 흩어져야 한다는 주자의 생각이 반영된 것이라고 하겠다.

귀신이 우리와 더불어 80여 년을 같이 산다는 설정은, 부적에 귀신과 관련된 처방이 다수 존재하는 배경이 된다. 또 무당 역시 유교적인 귀신론의 영향에 의해, 오래된 귀신이 몸에 실리는 일은 좀처럼 발생하지 않는다. 만일 오래된 귀신이 무당에게 실리고 이것이 사실이라면, 국어학적으로는 고대·중세의 언어에 대한 연구가 가능했을 것이고, 역사학도 비약적으로 발전할 수 있었을 것이다. 그러나 이런 일은 현실에서 존재하지 않는다.

그러나 무당의 중심 신령인 몸주는 최영 장군이나 단종처럼 오래된 영혼인 경우도 있다. 이러한 주장을 어디까지 믿어야 하는지는 알 수 없지만, 여기에는 '강력한 영혼은 세월이 지나도 흩어지지 않고 존속한다.'는 판단 때문에 가능한 측면이 있다. 마치 안개가 짙으면 낮에도 채 걷히지 않는 것처럼 말이다. 최영은 강력함과 정의로움으로 무장한 영혼이 되어, 그리고 단종은 응축된 한이 서려 있는 영혼이 되어 잘 흩어지지 않는다는 것이다. 그러나 무속인의 주장과 달리, 설령 이들이 몸에 실렸다(빙의되었다) 해도 무속인은 당시 중세 국어를 구사하지는 못한다.

귀신의 안내판, 부적

교통표지판은 대부분 압축적인 그림으로 되어 있으며, 운전자나 보행자 모두에게 도로 정보와 안전 수칙을 고지하는 기능을 수행한다. 물론 그렇다고 해서 모든 사람이 표지판을 준수하는 것은 아니다.

예전에 유행했던 불조심 포스터도 강렬한 인상을 통한 경각심을 주는 방향으로 구성되어 있다. 표어 역시 비슷하다. '불불불 불조심'이나 '둘만 낳아 잘 기르자' 등의 표어는 경고와 계도라는 분명한 지향점을 가진다. 그러나 글자는 부호 상징이기 때문에 아무

| 공익광고 역할을 했던 1949년 불조심 포스터(좌)와 가족계획 권장 포스터(우)

래도 이미지인 그림 상징보다 눈에 확 들어오는 정도나 강렬한 인
상이 덜할 수밖에 없다.

귀신에게 부적은 1차적으로는 표지판의 기능을 한다. 부적은
주사라는 붉고 강렬한 안료로 제작된다. 물론 때에 따라서는 먹을
묻힌 붓으로 쓰거나 목판 인쇄를 하는 경우도 있다. 이런 때 부적은
검은색을 띠게 된다. 그러나 가장 일반적인 것은 주사로 쓰인 붉은
색 부적이다. 이는 과거 도장도 마찬가지였다.

붉은색은 눈에 가장 잘 띄는 색이며, 동시에 가장 강렬한 인상
을 준다. 특히 주사는 광물성 안료이기 때문에 밝은 빛을 내는데,

부적의 비밀

| 낙관이나 도장을 찍을 때 주사를 갈아 먹처럼 사용했다.

이로써 더 분명한 빨강이 된다. 실제로 녹색이 주류를 이루는 도로 안내표지판과는 달리 경각심을 강조하는 주의나 규제표지판에는 붉은색을 주로 사용하고 있지 않은가!

〈처용부〉는 처용 그림이라는 상징성을 통해, 역신에게는 침입 하면 안 된다는 경각심을 부여한다. 또 비형랑의 문자부적 역시 비 형랑의 집이라는 위험을 귀신에게 표시하는 일종의 표어와 같은 표지다.

귀신 부적이 귀신에게 경각심을 주는 것에 초점이 맞추어져 있다면, 밋밋해서 지나치기 쉬운 먹물보다는 강렬한 붉은 주사가 목적에 더 합당하다. 이런 점에서 주사와 귀신 부적은 상호 시너지 효과를 발생시킨다고 하겠다.

어둠을 물리치는 빛, 광명에 대하여

표지판과 표어는 분명히 보는 사람으로 하여금 경각심을 유발한다. 그러나 이를 어겼다고 해서 특별한 제재가 따르는 것은 아니다. 이런 점에서, 경찰의 단속과 같은 물리적인 규제가 요청된다. 이것이 바로 귀신과 관련된 2차적인 측면인 압살壓殺(짓눌러 죽임)의 기능으로서의 부적이다.

조선 후기에는 귀신의 문제를 처리할 때, 부적과 함께 귀신을 물리치는 경문을 독송하기도 했다. 여기에는『옥추(보)경玉樞(寶)經』·『옥갑(보)경玉甲(寶)經』·『기문경奇門經』·『천지팔양신주경天地八陽神呪經(혹 팔양경)』 등이 사용되는데, 이 중 가장 강력한 것이『옥추(보)경』이며, 가장 폭넓은 것은『천지팔양신주경』이다.

『옥추(보)경』은 광증狂症의 사도세자가 읽었다는 이야기가 있는 것으로도 유명하다. 그런데 여기에는 광증을 앓던 사도가『옥추(보)경』을 읽어서 치료하려고 했다고도 하고,『옥추(보)경』때문에 미치게 되었다는 상반된 관점이 존재하고 있어 흥미롭다. 즉『옥추(보)경』은 강력하지만 부정적인 인식을 가진, 후대에 위조된 무속경전 정도라고 하겠다. 이는 불교적인 요소 등도 다수가 포함된 것이나, 관재구설이나 동토動土(동티) 그리고 삼살三殺이나 상문살喪門殺 등을 막는다는 내용을 통해서 손쉬운 판단이 가능하다.

『옥추(보)경』은 벼락이 의인화되어 기린麒麟을 타고 다니는

| 기린을 타고 다니는 구천응원뇌성보화천존(좌)과 『옥추(보)경』 부적의 부적판(우)

구천응원뇌성보화천존九天應元雷聲普化天尊이 설한 경문 부분(천경 天經→지경地經→인경人經)과 각 장章에 상응하는 부적으로 구성되어 있다. 그런데 재밌는 것은 『옥추(보)경』을 사용하면, '귀신의 뼈가 녹는다.'는 삭사鑠邪의 이야기가 담겨 있다는 점이다. 강력함의 의 미를 부각하려는 것은 이해하지만, 귀신에게도 뼈가 있다는 설정 자체가 유치하고 우습기 짝이 없다.

『옥추(보)경』이 귀신의 뼈를 녹인다는 것은 모든 귀신과 삿된 기운이 범접할 수 없다는 의미다. 즉 귀신에 대한 제압과 압살의 뜻 을 읽어볼 수가 있는 것이다.

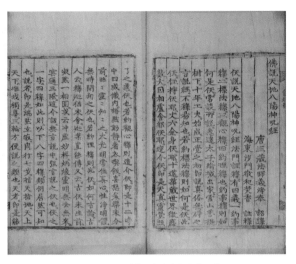

| 원각사성보박물관에 소장 중인 『불설천지팔양신주경』

다음으로 『천지팔양신주경』은 『팔양경』이라고도 하는데, 『옥추(보)경』이 강성함을 상징하는 것에 상응하는 유연함을 내포한다. 그래서 『옥추(보)경』을 엄격한 아버지, 『천지팔양신주경』을 자애로운 어머니에 비유하기도 한다.

또 『옥추(보)경』이 도교를 표방한 위조 경전이라면, 『천지팔양신주경』은 불교를 표방하는 위경이다. 『천지팔양신주경』의 목판본을 보면, 제목의 맨 앞에 "불설" 즉 '부처님이 설했다.'라고 되어있는 것이 눈길을 끈다.

실제로 『천지팔양신주경』은 무속적인 요구를 불교적으로 수

부적의 비밀

| 선불교의 영향을 받은 '일일시호일'

용하려는 모습을 보이고 있다. 가장 유명한 구절로는 누구나 한 번
쯤 들어봤음 직한 '매일매일이 좋은 날'이라는 "일일시호일日日是好
日"이 있다. 본래 이 구절은 선불교의 영향에 의해서 만들어진 것으
로 '매일매일이 좋은 날이고 매월매월이 좋은 달이며 매년매년이
좋은 해'라는 것이다. 그런데 이 중 "일일시호일日日是好日"이 핵심이
므로, 이 부분만 독립해서 유행하는 모양새다.

　『옥추(보)경』이 귀신에 대한 압살의 의미가 강하다면, 『천지팔
양신주경』은 긍정적인 관점으로 부처님을 믿고 의지하면 문제가
존재할 수 없다는 주장이다. 즉 『옥추(보)경』이 강렬한 빛으로 어둠
을 물리치는 방식을 추구했다면, 『천지팔양신주경』은 부처님이라
는 핵우산을 통해서 모든 문제는 해결될 수 있다고 보았던 것이다.

우리 삶의
부적 요소들

|

부적은 미신인가?

부적 하면 으레 민초나 하층민과 같은 특정 계층의 사람이나 집단에서만 사용했을 것이라고 생각한다. 그러나 과학이 발달하지 않았던 조선에서 부적의 영향력은 매우 컸다. 하기야 오늘날에도 지니고 있으면 행운을 가져다준다고 믿는 '마스코트mascot'나 '징크스jinx' 등이 횡행하고 있으니, 어떤 의미에서 부적과 주술의 문화는 불완전한 인간 군상에서는 필연적인 것인지도 모른다. 즉 의존의 강도가 낮아지기는 했지만, 우리 주변에는 아직도 부적 문화가 다양한 모습으로 존재하고 있는 것이다.

| 길상무늬가 그려진 경복궁 자경전의 꽃담

길상을 바라고 행복을 추구하는 것은 인간의 공통된 속성이다. 이런 점에서 본다면, 인류가 존재하는 한 비중의 차이는 있을지라도 부적은 영원히 유전될 것이다. 실제로 현재까지 전승되는 전통 문양 역시 길상과 벽사의 의미를 내포한다.

여기에 '좋은 게 좋은 거'라는 관점과 디자인의 측면까지 접목되면, 부적의 생명력은 훨씬 더 견고하다고 하겠다. 즉 부적은 단순한 미신이라기보다는 인간의 행복 추구에 맞닿아 있는 가장 오랜 기원을 가진 바람의 상징인 것이다.

물론 부적만 믿고 수주대토守株待兎처럼 행동하는 것은 문제가

| 우연성과 어리석음 사이, 수주대토 설화

될 수 있다. 수주대토 설화는 송나라의 한 농부가 밭을 갈러 가다가 달려오던 토끼가 나무 밑동을 들이박고 죽은 것을 발견하는 사건에서 시작된다. 이는 농부에게 찾아온 우연한 행운이었고, 이렇게 끝났으면 해피엔딩으로 마무리가 되었을 것이다. 그러나 당시 죽은 토끼는 재산 가치가 컸기 때문에, 농부는 어리석게도 이를 우연으로 받아들이지 못하고, 농사는 뒷전으로 팽개친 채 날이면 날마다 나무 밑동 옆에서 죽는 토끼만을 기다렸다고 한다.

　　로또 역시 매주 당첨자가 나온다. 혹여 당첨자가 없으면 상금이 누적되어 다음 회차의 당첨자에게 재분배된다. 이런 점에서 로또는 사기가 아니다. 그러나 문제는 로또의 확률이 814만 분의 1로 벼락 맞을 확률의 2배이고, 욕조에서 넘어져 사망할 확률의 10배라는 점이다. 즉 로또가 삶의 활력이 될 수는 있지만, 로또를 목적으로 생활할 수는 없는 것이다.

이런 점에서 공자의 '경이원지敬而遠之', 즉 "귀신은 공경은 하지만 멀리하는 것이 지혜다(敬鬼神而遠之, 可謂知矣-『논어』「옹야」)"라는 뜻의 고사성어는 주목할 만하다. 공자는 귀신을 허구라고 부정하지 않는다. 다만 귀신에 맞추어 인생을 살 수는 없다고 말한다. 왜냐하면 귀신의 작동이란, 수주대토나 로또의 확률처럼 존재하지만 존재하지 않는 것이나 마찬가지이기 때문이다.

목사는 신을 믿지만, 기도만으로 병을 치료하지는 않는다. 치료가 될 확률은 신神이 치료해줄 확률보다 병원이 훨씬 높을 것이다. 토끼는 농사에 비해 수익이 좋을 수 있다. 그러나 토끼가 나무 밑동에 머리를 박고 죽을 확률은 극히 낮다. 이런 점에서 수주대토 설화 속 송나라 사람은 비웃음거리가 되고 마는 것이다.

부적 역시 미신은 아니다. 그러나 부적만 믿는다면, 이는 맹신이요 미신으로 전락하고 만다. 그러므로 부적에 대해서는 공자의 '경이원지' 정신이 요청된다. 나는 부적의 긍정성이 로또보다 훨씬 크다고 생각한다. 왜냐하면 부적에는 행복과 미美에 대한 추구가 동시에 존재하기 때문이다. 특히 디자인의 관점에서 본다면, 부적은 문화산업과 우리의 전통문화 발전의 핵심적인 키워드가 될 수도 있다.

문화 없이 경제력만으로 선진국을 유지하는 나라는 드물다.

이런 점에서 부적은 디자인이라는 관점에서 바라볼 때 현대 우리 사회에서 새롭게 재조명될 필요가 충분하다고 생각한다.

민화 속 까치와 호랑이 그림

정초에 붙이는 세화로 가장 유명한 것은 까치와 호랑이를 그린 〈작호도鵲虎圖〉가 아닐까? 호랑이 그림은 남아 있는 작품 수로 볼 때, 세화로는 가장 넓은 외연을 가지고 있다.

또 때로는 그림 속 호랑이의 머리 위에 부적을 붙이는 방법이 사용되기도 한다. 즉 호랑이와 부적의 결합인 셈이다. 사자가 살지 않는 동아시아에서 호랑이는 가장 강력한 포식자다. 그 결과 호랑이 토템이 일찍부터 발달했고, 이는 단군신화를 통해서도 확인해 볼 수 있다.

그러나 호랑이는 닌자와 같은 매복과 기습을 하는 특성을 가진다. 즉 사자가 개활지에서 늠름한 위상을 보이는 것과는 차이가 있는 것이다. 이 때문에 호랑이는 강하지만, 사자와 같은 멋들어진 권위를 확보하지는 못한다.

과학기술이 발달하지 않은 상황에서는 호랑이가 근접전에서 단연 최고다. 또 고양이과의 강렬한 눈빛은 호랑이가 귀신도 볼 수 있으며, 귀신을 이긴다는 설정을 가능하게 한다. 실제로 호랑이가

호랑이의 표정이 재밌는
작호도(위), 정면을 보는
호랑이 부적도(중간), 삼재
부의 호랑이 부적판(아래)

│ 창귀가 사람을 홀려 호랑이에게로 인도한다는 이야기가 전해진다.

사람을 잡아먹으면, 그 사람의 영혼이 속박되어 창귀倀鬼가 된다고
하는 속설이 전해진다. 창귀는 호랑이에게 지배받는 앞잡이 귀신
으로, 사람을 홀려서 호랑이에게 먹이로 인도하는 역할을 한다.

　이런 귀신도 이기는 호랑이의 강력함 때문에, 정초에 호랑이
그림을 붙여놓으면 모든 삿된 것이 범접하지 못한다고 생각했다.
그런데 문제는 호랑이가 매복과 근접전에는 능하지만, 상대적으로
멀리 보는 측면은 부족하다는 점이다. 이를 보완하기 위해 등장하
는 것이 바로 까치다.

　까치는 경계심이 많고 지능이 높은 새로, 천적이 접근하기 힘
든 마을 어귀 나무 위에 집을 짓는다. 이는 인간을 통해서 천적을

| 예부터 해산을 하면 대문에 금줄을 걸어 삿된 기운을 차단했다.

막는 동시에, 사람의 생활 반경으로부터 일정 부분 벗어나서 사람의 피해도 최소화하는 선택이다. 즉 천적과 인간 사이에서 안전한 서식지를 확보하는 것이다.

또 까치는 조류의 특성상 시력이 좋고, 높은 지능으로 인해 마을 사람들의 얼굴을 모두 기억한다. 이로 인해 외부인이 마을에 접근할 경우 경계심을 발동해 울게 되는데, 이것이 '까치가 울면 손님이 온다.'는 이야기가 만들어진 연유다. 또 외부인은 선물이나 새로운 변화를 동반하기도 하므로 '까치가 울면 복이 온다.'거나, '까치가 울면 좋은 소식이 있다.'는 식으로 응용되기도 했다.

호랑이와 까치를 한 장의 그림으로 그리는 〈작호도〉는 근접전의 최강자인 호랑이와 높은 곳에 위치한 일종의 지능형 레이더의 결합이라고 하겠다. 이렇게 되면 전방위적으로 모든 위험을 감지

| 오원 장승업, 토끼를 주시하고 있는 매를 그린 〈응도鷹圖〉

하고 격퇴할 수 있게 된다. 이것이 바로 〈작호도〉에서 나타나는 까치와 호랑이의 결합이 갖는 의미다.

끝으로 〈작호도〉에는 까치가 위치하는 배경으로 푸른 소나무가 등장하는데, 이는 십장생 중 하나인 소나무의 상징성(장수)과 늘 푸른 상록수로서의 항상성 그리고 침엽수가 가진 뾰족한 바늘잎으로 인한 삿된 기운의 범접 불가한 벽사를 의미한다. 해산 후의 금줄이나 장독대의 금줄 등에서 침엽수가 활용되는 이유 또한 이와 같은 불가침의 상징성 때문이다.

세화로는 매 그림도 선호된다. '경계警戒를 하는 까치'와 '강력함을 가진 호랑이'를 한데 아우른 존재로 매가 상정될 수 있기 때문이다. 매 그림은 매만 그리는 경우도 있지만, 매가 토끼나 참새를 사냥하는 그림이 선호되기도 한다. 즉 〈호취박토도豪鷲搏兎圖〉나 〈호취간작도豪鷲看雀圖〉 등이 그것이다. 이는 정적으로 경계하는 매를 넘어서 역동적으로 사냥하는 매를 통해 강력함을 나타내기 위한 측면으로 이해된다. 즉 호랑이에 비해서 다소 순해 보이는 매의 강력함을 귀신과 삿된 존재에게 보여줘야 하는 시각적인 요청(?)이 반영되고 있는 것이다.

매 그림이 가지는 상징성은 중요하다. 이는 삼재 부적인 〈삼두일족응부三頭一足鷹符〉에서도 확인할 수 있다. 또 때에 따라서는 매와 호랑이를 같이 그리는 방식의 세화와 부적이 존재하기도 한다. 즉 좋은 것은 양수겸장으로 하겠다는 의미인데, 일견 우습기도 하

여러 가지 삼재 부적판. 한글 '만사대길'
'악귀불침' '제삼밀락'이 인상적이다.
삼두일족의 매는 삼재 소멸을 기원한다.

| 청나라 초기 문인이자 화가인 운수평의 〈계도〉. 수탉의 붉은 볏은 길상을 상징한다.

지만 이런 것이 원래 부적의 핵심이라는 점을 생각해보면 당연한 진화 방식이 아닌가 한다.

　세화에는 매 외에도 수탉 그림이 사용되는 경우도 있다. 시계가 없던 시절 수탉의 울음소리는 새벽을 알려 어둠을 물리치는 벽사의 상징으로 인식되었다. 또 수탉은 붉은 볏을 머리에 가지고 있는데, 이를 왕관과 같은 고귀함의 상징으로 이해하기도 했다. 이외에도 수탉의 피에는 귀신을 쫓는 벽사의 효험이 있다고 믿어, 부적을 그리는 붉은색으로 주사 외에 수탉 피가 사용되기도 했다. 좀 더 정확하게는 수탉의 볏을 잘라서 나오는 피를 사용했다.

여기에 닭의 울음소리인 '꼬끼요'를 한자로 표기할 때는 '고귀오高貴吾'로 적는데, 이는 높고 귀하게 된다는 의미다. 이와 같은 다양한 긍정의 상징으로 닭은 일찍부터 인류와 함께한 가축임에도 불구하고, 신성한 의미를 확보하게 된다. 이는 경주 김씨의 시조인 김알지 설화에 수탉이 등장하는 것이나, 신라의 국호 중 하나에 계림鷄林이 존재하는 것을 통해서도 단적인 판단이 가능하다. 즉 수탉에 대한 신성한 인식은 그 연원이 매우 오래된 것이다.

세화로서 호랑이의 상징은 매우 강력하다. 그러나 그림을 그리는 것은 그리 쉬운 일이 아니었다. 이로 인해 양반가에서는 호랑이를 나타내는 글자인 '호虎'와 동아시아의 대표적인 길상의 동물인 용'龍' 글자를 써서 양쪽 대문에 붙이기도 했다.

'용·호'를 써서 붙이는 것은 문자부적의 범주에서 이해될 수 있다. 이는 부적의 외연이 민초를 넘어서 매우 폭넓었다는 것을 의미한다. 그리고 이러한 우리의 호랑이에 대한 선호는 1988년 서울 하계 올림픽의 호돌이와 2018 평창 동계 올림픽의 수호랑으로까지 이어진다. 즉 호랑이는 시조 신화인 단군신화에서부터 대한민국에서 치러진 두 번의 세계 제전인 올림픽까지, 전 역사를 관통하는 우리 민족과 함께한 최고의 '핵인싸'인 셈이다.

한자의 상징과 벽사

| '용·호'라는 그림 같은 글자

'용·호' 글자가 그림을 대체한 것과 달리, 문자 자체로 문제를 해결하려는 바람도 있었다. 이의 대표적인 측면은 조선 건국 초기로까지 거슬러 올라간다. 1392년 조선이 건국되고 1394년에 한양 천도가 단행된다. 한양이 수도로 결정되는 데는 무학(無學, 1327~1405)의 영향이 지대했다. 그러나 한양의 설계자는 무학대사가 아닌 삼봉 정도전(鄭道傳, 1342~1398)이었다.

정도전은 한양의 사대문에 각각 유교의 4덕四德인 인仁·의義·예禮·지知(혹 지智)와 관련된 '동 – 흥인(지)문興仁(之)門, 남 – 숭례문崇禮門, 서 – 돈의문敦義門, 북 – 홍지문弘智門(혹 숙정문肅靖門)'이라는 이름을 짓고 편액을 달게 한다. 여기에 1895년 보신각普信閣이라는 명칭의 종각이 추가되면서, 인·의·예·지·신이라는 유교의 5상五常 구조가 완성된다.

그런데 가로 혹은 네모로 쓰인 문 위의 편액들과 달리, 남쪽의 숭례문은 세로로 글씨가 쓰여 있다. 이는 한양이 풍수지리적으로 볼 때, 남산이 불꽃 모양을 하고 있어 이를 진압하기 위해서라고 한다.

여기에는 두 가지 설이 있다. 첫째는 세로글씨는 불이 타오르는 것을 모사한 것으로, 불로써 불을 막는 동시에 불기운이 왕성

| 용·호 글자를 붙인 대문

하게 솟아오르게 해 아래를 허하게 만들기 위해서라는 것이다. 둘째는 세로글씨는 물이 위에서 아래로 흐르는 모습을 모사한 것으로, 이를 수체나 유수체(流水體, 흐르는 물의 모양을 본뜬 글씨체)라고 하여 물로 불을 막는다는 설정이다. 수체를 통해서 불기운을 막는다는 설정은, 원교 이광사(李匡師, 1705~1777)의 지리산 천은사 편액을 통해서도 확인된다. 즉 이는 간판인 동시에 일종의 방화벽인 셈이다.

그런데 같은 세로글씨의 해석을 한번은 타오르는 불과 연관지

| '지리산 천은사'라고 쓰여 있는 일주문의 세로 현판

어 해석하고 또 한번은 흐르는 물로 해석하는 것으로 보아, 이런 사
물의 형태를 통한 상징해석(물형론)이 늘 일관된 것은 아님을 알 수
있다. 그러나 적어도 한양 도성의 건립 과정에서 글자를 통한 부적
의 의미가 파악된다는 점만은 분명하다 하겠다. 즉 부적은 국가 권
위에도 수용된 유서 깊은 조선의 문화였던 것이다.

글자에 그림을 버무린 〈문자도〉

글자를 그림과 결부시키는 방식은 〈문자도文字圖〉를 통해서도
파악할 수 있다. 〈문자도〉는 효孝· 제悌· 충忠· 신信· 예禮· 의義· 염廉·
치恥 등의 글자를 그림과 결합시켜 스토리를 입히는 문자 겸 그림

이다.

이 중 등장 빈도수가 많은 효·제·충·신에 대해서 살펴보자.

먼저 '효' 자에는 잉어와 죽순을 중심 도안으로 해서, 여기에 거문고·부채·귤 등이 부가된다. 이들 소재는 중국에서 효도로 이름난 인물들의 고사에 등장하는 물건이다.

먼저 잉어는 진나라(서진)의 왕상王祥이라는 사람에 관한 이야기로, 그는 자신을 핍박한 계모가 한겨울에 물고기가 먹고 싶다고 하자 강의 얼음을 알몸으로 녹이고 물고기를 잡기 위해 노력한다. 그러자 홀연히 얼음이 갈라지면서 잉어 두 마리가 물에서 튀어 올랐다고 하는 '왕상빙리王祥氷鯉'를 의미한다. 즉 잉어는 모진 계모에게도 효를 다한 왕상에 감동한 하늘의 상징인 것이다.

죽순은 삼국시대 오나라의 맹종孟宗이 병상의 노모가 한겨울에 죽순이 먹고 싶다고 하자, 눈 덮인 대밭에 가서 눈물을 흘린다. 이때 죽순이 솟아올랐는데, 이를 '맹종읍죽孟宗泣竹' 또는 '맹종설순孟宗雪筍'이라고 한다. 이 이야기를 상징하는 것이 '효' 자의 죽순이다. 오늘날까지 굵은 죽순을 '맹종죽'이라 하여, 이제 맹종의 이름은 죽순과 떼려야 뗄 수 없는 지경에 이르고 있다.

거문고는 '대순탄금大舜彈琴'의 상징으로, 나중에 임금이 되는 순舜이 계모에게 현혹된 부친 고수瞽叟와 가족이 자신을 죽이려고 했음에도 거문고를 타며 원망하는 기색이 없이 효를 다했다는 내용이다. 순이 거문고를 탄 것은 고수가 장님이었기 때문에 자신의

| 국립민속박물관에 소장 중인 다양한 문자 병풍(우측부터 효·제·충·신·예·의)

생각을 소리로 전달해야 했기 때문이다.

　부채는 '황향선침黃香扇枕'의 의미로 한나라 때 황향黃香이 부모
님을 위해 수고로운 부채질도 마다하지 않았다는 데서 유래한다.
끝으로 귤은 '육적회귤陸續懷橘'로 삼국시대 오나라의 육적陸續이 일
을 해서 받은 음식 중 귤은 먹지 않고 품에 넣어 가 어머니를 드렸
다는 일화에 따른 표현이다.

　다음으로 '제悌' 자에는 할미새와 산앵두나무가 표현되어 있다.
제는 형제간의 우애를 상징하는데, 할미새는 서로 다정하게 화합하
며 산앵두나무 역시 서로 조화롭게 자라기 때문에 이를 우애의 상징
으로 차용한 것이다. 할미새와 산앵두나무를 이와 같은 상징으로
사용한 것은 『서경書經(혹 상서)』·『역경易經』과 더불어 유교의 삼경

을 구성하는 『시경詩經』의 「소아小雅」〈상체常棣〉에서 연유한다.

할미새가 높은 언덕에 있으니(척령재원鶺鴒在原),

형제의 어려움을 구하고자 함이로다(형제급난兄弟急難).

산앵두나무꽃이여, 꽃받침이 환하게 빛나는구나

(상체지화 악불위위 常棣之華 鄂不韡韡).

무릇 현존하는 사람으로는 형제만 한 이가 없으리라

(범금지인 막여형제 凡今之人 莫如兄弟).

 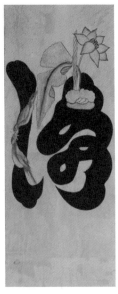

| 효도 '효孝' 자(좌)와 공경할 '제悌' 자(우) 문자도

부적의 비밀

| 길상무늬가 보이는 공예품들과 쌍룡이 여의주를 물고 있는 모양의 중국 목탁

다음으로 '충' 자에는 용과 잉어, 그리고 대나무·새우·조개가
도안된다. 용과 잉어는 자세히 보면, 연결된 그림임을 알 수 있다.
이는 '어변성룡魚變成龍' 즉 '물고기가 변해서 용이 되는 것'을 나타
낸다.

　중국의 황허에는 '용문龍門'이라는 두 물이 합류해서 급류가 되
는 낮은 단층의 폭포 지형이 있다. 이 용문을 잉어가 도약해서 올
라가면 용이 된다는 '등용문登龍門'의 이야기가 전해진다. 즉 용과

| 충성 '충^忠' 자 문자도

| 등용문 설화를 담은 그림(좌)과
필통(우)

잉어는, 임금에게 충성해 용이 되어 출세하라는 의미다.

　　용문을 오르다가 낙상하는 잉어의 머리에는 상처(점액点額, 이마
에 생긴 상처)가 생긴다고도 한다. 등용문의 설화로 인해, 중국에서는
새해에 학생에게 잉어 그림 등을 주기도 한다. 또 불교에서는 잉어
가 용이 되는 것을 스님이 수행을 완성하는 것으로 이해한다. 이로
인해 목어와 목탁 등에는 잉어가 용으로 바뀌는 모습이 조각되기
도 한다. 오늘날까지 등용문 설화는 중국을 넘어 우리나라에도 전
국에 산재한 입시학원인 등용문 학원으로 유전되고 있다.

대나무가 사군자의 하나로 굳은 지조와 절개를 상징하는 것은 누구나 아는 상식이다. 그런데 새우와 조개 역시 단단한 껍질을 가진 생물로 대나무와 같은 상징성을 내포한다는 것을 아는 사람들은 많지 않은 것 같다. 이들은 전체적으로 밖은 단단하고 안은 부드러운 강직성을 나타내고 있다는 점에서, 상호 연관된 공통점을 가진다고 하겠다.

마지막 '신' 자에는 청조靑鳥와 백안白雁(흰기러기)이 도안된다. 청조는 사람의 머리를 한 푸른 새로, 서쪽의 곤륜산에 사는 여성 신선의 우두머리인 서왕모西王母의 전령이다. 청조의 전갈을 받은 것으로 전해지는 인물은 전한의 7대 황제인 무제(재위 B.C. 141~B.C. 87)인데, 서왕모의 위상으로 볼 때 약속을 어기지 않으므로 청조는 신뢰의 상징이 된다.

백안은 한무제 때의 대표적인 사신인 장건(張騫, ?~B.C. 114)과 소무(蘇武, B.C. 140~B.C. 80) 중 소무와 관련된다. B.C. 100년 소무는 만리장성 밖의 북방 흉노족에게 화해의 사절로 가게 된다. 그러나 양국의 대치 국면으로 정세가 급변하면서 장장 19년간 억류되어, 소무는 바이칼호 근처에서 양치기 생활을 전전하며 큰 고초를 겪는다.

이 과정에서 한나라는 한무제에서 제8대 소제(재위 B.C. 87~B.C. 74)로 황제가 바뀌게 되고, 양국에 화해 무드가 조성된다. 이때 새로운 사신에 의해 소무의 송환이 논의에 오른다. 그러나 흉노의 선

⌐ 믿을 '신信' 자 문자도

우는 소무가 이미 죽었다고 둘러댄다. 하지만 한나라의 사신은 소
무가 살아 있다는 소식을 입수하고 있던 터라, 흰기러기의 발에 소
무의 편지가 전해진 것이 있다고 기지를 발휘해 반박한다. 이를 '안
서雁書'라고 하는데, 백안과 더불어 이 역시 신표의 상징으로 차용
된다. 마침내 소무는 B.C. 80년에 풀려나게 되고, 19년간의 풍파에

도 견고하게 지켜낸 높은 절개가 널리 알려진다. 특히 소무는 그때 까지도 다 닳아서 마모된 사신의 부절符節을 가지고 있어 더욱 귀감 이 되는데, 후에는 관내후關內侯에까지 봉해진다.

미수체로 풍랑을 멈추다

문자부적과 관련해서 가장 유명한 것은 미수 허목(許穆, 1595~ 1682)이 미수체眉叟體로 쓴, 1661년에 건립한 〈척주동해비陟州東海碑〉와 〈평수토찬비平水土贊碑〉가 아닌가 한다. 〈척주동해비〉는 삼척 부사로 부임한 허목이 파도와 풍랑으로 바닷가 백성들의 피해가 심각해지자, 전서체로 동해를 칭송하는 동해송을 짓고 이를 비석 에 새긴 것이다. 그런데 이 비석의 글자와 내용이 너무 좋아 동해 신의 기분이 흔연해져서 파도와 풍랑이 줄어들었다고 한다.

〈평수토찬비〉 역시 같은 목적으로 허목이 건립한 것이다. 그 런데 이번에는 중국 하나라(夏, B.C. 2070~B.C. 1600)의 시조이자, 황 허의 물을 다스린 전설적인 인물인 우禹임금의 비석(이라고 전해지는 곳)에서 글자 48자를 모으는 집자 방식을 사용한다. 우임금이 물을 잘 다스린 분이니, 우임금의 비석 글씨가 영험함을 보여 파도와 풍 랑을 잠재워주기를 바라는 염원을 담은 것이다.

〈척주동해비〉는 글의 내용과 전서체라는 그림 형태의 글씨라

| 유려한 미수체가 돋보이는 〈척주동해비〉

| 〈평수토찬비〉 전면과 후면 탁본

는 콜라보로, 당시는 물론이고 후대에까지 아주 강렬한 인상을 남겼다. 이로 인해 밀양 표충사의 땀 흘리는 비석으로 유명한 〈사명대사비〉와 더불어 가장 신묘한 비석으로 유명세를 떨치게 된다. 물론 이러한 허목의 노력이 실제로 얼마나 효과를 발휘했는지는 미지수다.

입춘첩의 의미와 띠의 변화

입춘에 붙이는 입춘첩立春帖은 덕담에 가까운 문자부적으로, '입춘대길立春大吉 건양다경建陽多慶' 등이 있다. 입춘은 봄이 시작되는 첫째 절기의 양력 명절로 보통은 2월 4~5일 사이에 든다. 우리의 전통 명절이 음력인 것과 달리 입춘과 동지(冬至, 12월 21~22일)는 양력이기 때문에, 태양력을 사용하는 요즘에는 오히려 달력에서 움직이지 않고 붙박혀 있다.

그러나 태음력의 달력을 사용하던 예전에는 설이나 추석이 움직이지 않았고, 입춘이나 동지가 움직였다. 격세지감의 상전벽해가 벌어진 것이다. 즉 현재 우리는 양력 설인 1월 1일을 기준으로 나이를 1살 더 먹지만, 띠의 변화는 입춘을 기준으로 이루어진다는 얘기다.

한 해의 시작은 설이면서 띠는 입춘에 바뀌는 것은, 고대에는

구분	절기	일자	내용
봄	입춘 (立春)	2월 4일경	봄의 시작
	우수 (雨水)	2월 19일경	봄비가 내려 싹이 트기 시작
	경칩 (驚蟄)	3월 6일경	개구리가 겨울잠에서 깨어남
	춘분 (春分)	3월 21일경	밤낮 길이가 같음
	청명 (淸明)	4월 5일경	봄 농사 준비
	곡우 (穀雨)	4월 20일경	농사비가 내림
여름	입하 (立夏)	5월 6일경	여름의 시작
	소만 (小滿)	5월 21일경	만물이 생장함
	망종 (芒種)	6월 6일경	씨 뿌리기 시작
	하지 (夏至)	6월 21일경	낮이 가장 김
	소서 (小暑)	7월 7일경	더위의 시작
	대서 (大暑)	7월 23일경	더위가 가장 심함
가을	입추 (立秋)	8월 8일경	가을의 시작
	처서 (處暑)	8월 23일경	더위 식고 일교차 큼
	백로 (白露)	9월 8일경	이슬이 내리기 시작
	추분 (秋分)	9월 23일경	밤낮 길이가 같음
	한로 (寒露)	10월 8일경	찬 이슬이 내리기 시작
	상강 (霜降)	10월 23일경	서리가 내리기 시작
겨울	입동 (立冬)	11월 7일경	겨울 시작
	소설 (小雪)	11월 22일경	얼음이 얼기 시작
	대설 (大雪)	12월 7일경	눈이 많이 오기 시작
	동지 (冬至)	12월 22일경	밤이 가장 김
	소한 (小寒)	1월 6일경	겨울 중 가장 추울 때
	대한 (大寒)	1월 21일경	겨울 큰 추위

| 중국 강남 지역을 기준으로 만든 24절기

왕조에 따라 한 해의 기준점이 달랐기 때문이다. 중국의 전설적인 왕조인 하나라(夏, B.C. 2070~B.C. 1600)에서는 입춘을 기점으로 한 해를 시작했다. 또 주나라(周, B.C. 1046~B.C. 256) 때는 동지가 한 해의 기준이 된다. 오늘날까지 동지를 '아세亞歲' 즉 작은 설이라고 하고, 동지 때 팥죽을 먹으면 1살 더 먹는다고 하는 것은 이러한 문화 배경 때문이다.

입춘은 하나라의 설날이다. 그러므로 이날 새해를 여는 설 풍습이 전해지는데, 이와 같은 측면이 후대에까지 변형되면서 전승된 것이 바로 '입춘대길 건양다경'이다.

입춘대길은 '봄이 확립되니 크게 길하다.'는 뜻이다. '입춘立春'이 '입춘入春'과 발음이 같기 때문에 간혹 혼동해서, '봄을 맞으니 크게 길하다.'로 해석되기도 한다. 그러나 입춘이란 봄이 도래하였으니 이제부터 농사를 준비하라는 상징적인 의미다. 건양다경은 '봄의 양기가 굳건해졌으니, 앞으로는 경사가 진진하다.'는 뜻으로 농사의 풍요와 복됨을 기원하는 길상의 메시지다.

입춘첩은 입춘 시에 맞춰서 대문의 양쪽에 붙인다. 즉 문을 통해서 모든 길함을 받는 동시에 삿됨을 물리치겠다는 생각이다. 이런 점에서 본다면, 입춘첩은 범주 면에서는 용·호나 신도 또는 울루처럼 문배에 속한다고 하겠다.

또 입춘첩은 대문에 반듯하게 붙이지 않고 사선으로 비스듬하게 배치하는데, 이는 햇빛을 상징하는 빗살을 통해 벽사의 의미를

| '입춘대길 건양다경'의 입춘첩

강화하기 위해서다. 빗살문은 빗살무늬토기에서부터 빗살 창호나 꽃살 등에 이르기까지 두루 쓰이는, 실로 오랜 연원의 벽사 상징이다.

참고로 입춘첩과 유사한 것으로는 1년 중 양기가 가장 강력할 때인 5월 5일(천중절, 중오절)인 단오를 기리는 단오첩도 있다. 단오端午란, 오午 즉 남쪽의 양기가 중첩되어 확립되었다는 의미다. 그러나 단오첩과 관련해서는 『고려사』 등에 상서로운 시를 지어 문에 붙이는 정도로만 전해질 뿐, '입춘대길 건양다경'처럼 정형화된 문구가 일반화되지는 못했다.

또 단오에는 종규의 그림을 그린 것에 수탉의 피로 눈을 점안點眼하는 경우도 있다. '화룡점정'에서처럼, 양기가 가득한 때 문신인 종규의 눈을 더욱 밝고 예리하게 해서 모든 삿된 것과 귀신의 범접을 차단하겠다는 의미다. 수탉의 피에는 '새벽을 알리는 양기가

| 빗살무늬토기에서 보이는 빗금(위)과 격자살과 꽃모양, 빗살이
어우러진 격자빗꽃살문(아래)

충만한 동물'과 '붉은색의 피가 가진 양기'라는 중첩된 의미가 있다. 그러므로 단오에 수탉의 피로 눈을 찍는 점안 행위는, 단오에 동쪽으로 뻗은 복숭아나무 가지(동도지)를 동틀 때 베는 것과 유사한 의미를 내포한다고 하겠다.

문자의 주술성에 대하여

입춘첩이 대문에 붙이는 것이라면, 집 안쪽의 기둥에 경계 문구를 종이에 써 붙이거나 나무판에 조각해서 걸어두는 것을 '주련柱聯(영련楹聯)'이라고 한다. 주련은 귀감이 될 만한 글을 통해 스스로를 바로잡기 위한 유교 문화로, 대구가 되는 글이 많으므로 '대련對聯'이라고도 한다.

조선시대에는 왕궁과 사찰 외에 단청丹靑을 할 수 없었기 때문에, 주련 문화는 사대부 양반가에서 기둥에 글을 써 붙이면서 시작되었다. 이것이 구한말이 되어 조선이 붕괴하며 사찰로 유입되었다. 그러나 단청이 칠해진 최고급 건물에는 주련 같은 것을 붙이지 않는다. 이는 창덕궁이나 경복궁 같은 5대 궁궐의 단청 건물에는 주련이 존재하지 않는다는 점, 또 사찰의 주련 중에 연대가 올라가지 않는다는 점 등을 통해서 인지해볼 수 있다.

사실 울긋불긋한 단청 자체가 강력한 벽사의 의미를 내포하기 때문에, 단청 건물에 주련을 붙이는 것은 오히려 벽사 기능을 저해하는 측면이 된다. 또 건물의 위상과 격을 떨어뜨리는 부분이기도 하다. 그런데 구한말 유교를 쫓고자 했던 불교로 인해서, 오늘날 사찰에는 단청 기둥 위에 주련을 붙이는 '도포 입고 중절모 쓴 꼴'이 연출되고 있다.

실제로 일제강점기인 1915년부터 1935년까지 20년에 걸쳐 조사되어 간행된 『조선고적도보朝鮮古蹟圖譜』권12의 「불사건축佛寺建築(사찰건축)」을 보면, 당시의 주련 상황을 알 수 있다. 이에 따르면, 당시까지는 주련을 붙이지 않은 건물이 주류였고, 그다음이 종이 주련을 붙인 경우로, 종이 주련은 나무판 주련으로 가는 중간 단계로 이해하면 된다. 그리고 가장 빈도수가 적은 것이 나무 주련이다. 오늘날의 생각과는 많은 차이가 존재하는 것이다.

흥미로운 것은 사찰로 들어온 유교의 주련이 단기간에 신속하게 변모했다는 점이다. 위아래로 연꽃과 연잎 장식 등을 갖추며, 경계하는 글이 아닌 깨침의 게송으로 거듭나게 된다. 즉 오랜 유교 문화 속에서 존재하던 주련이 불교로 유입해 들어와서 급속한 발전을 보인 것이다. 때문에 오늘날에는 주련 하면 유교보다는 불교를 먼저 떠올리게 된다.

사찰 주련에 깨달음의 게송이 들어간다는 것은 여기에 법신사리와 같은 위상이 확보된다는 것을 의미한다. 이는 사찰의 주련이 일정 부분 결계結界와 같은 문자부적의 상징도 내포한다는 뜻이 된다.

| 『조선고적도보』에서 찾은 은해사 거조암 영산전의 종이 주련(위)
과 금강산 장안사 대웅보전의 나무 주련(아래)

　　이외에도 일반 문자의 주술성과 관련해서는, 효자가 부모님
의 탕약을 달일 때 '효孝' 3,000자를 썼다는 이야기가 있다. 즉 효
3,000자를 써서 탕약을 달이면 효의 기운이 스며들어 효과가 증대
해 병이 낫는다는 믿음이다.

　　오랜 시간 뭉근히 달여야 하는 탕약이 종이 3천 장으로 완성될

| 주련이 없는 경주 불국사 대웅전의 모습

지는 미지수다. 다만 삼천은 공자의 삼천 제자(실제로는 72제자임)나 삼천 가지 죄, 또 불교의 삼천불전이나 삼천대천세계 등 많다는 의미의 상투어로 사용되는 측면이 있다. 따라서 '효 3,000자'란, '효자의 간절하고 지극한 정성'의 상징 정도로 이해하면 되겠다.

효 3,000자를 사용해도 성분만 놓고 본다면, 약탕기에 넣는 것도 아닌 불쏘시개에 지나지 않으므로 유의미한 차이가 존재할 리 만무하다. 그럼에도 이와 같은 생각이 조선시대 내내 관통하고 있었다.

이는 사슴이나 사슴과에 속하는 순록·엘크·무스 등의 뿔이 멋진 왕관처럼 생겼으므로, 이를 먹으면 고귀해진다는 전이 주술과도 관련된다. 실제로 한의학에서 녹용이 귀한 약재가 되는 것도 이와 같은 이유 때문이다.

또 사슴뿔이 스키타이족의 금관이나 신라 금관에 수용되어 있

부적의 비밀

| 구례 천은사의 나무 주련

는 것을 보면, 사슴뿔을 신성하고 존귀한 측면으로 이해하는 것은 동아시아를 포함한 여러 지역에서 그 연원이 오래된 것임을 알 수 있다. 이러한 전이 주술은 닭의 볏을 먹으면 고귀해진다거나, 임신했을 때 산모가 동銅(구리)을 갈아 먹거나 끓여 먹으면 강한 아이가 태어난다는 속설 등에서도 확인된다.

닭의 볏이나 동을 먹는 것은 복용이므로 일말의 가능성이라도 존재한다. 그러나 효 3,000자로 탕약을 달이는 것은 불과 탕약이 약탕기로 분리되어 있기 때문에 영향 관계가 존재하기 어렵다. 그럼에도 이런 논리가 가능했던 것은 효라는 간절한 기운이 탕약에 스밀 수 있다고 판단했기 때문이다. 즉 '지성이면 감천'과 같은 간절한 기원祈願의 접근이라고 하겠다.

이처럼 분리된 상태에서도 전이 주술이 가능하다는 관점은 악

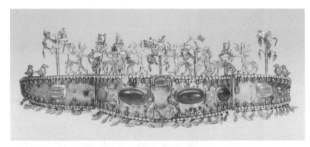

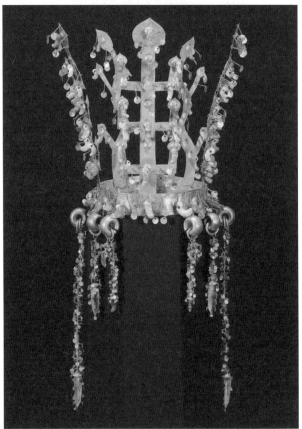

| 사르마트Sarmat 금관(위)과 경주 황남대총 출토 금관(아래)

몽이나 두통을 물리치는 방법으로 호랑이 머리뼈를 베고 자는 행위, 또 풍치나 치통을 치료하는 방법으로 호랑이 수염으로 치아를 쑤시는 방법 등이 존재한다. 이는 호랑이의 용맹한 기운이 전이되면서 삿된 기운을 물리쳐 문제를 해소한다는 관점이다. 이렇게 놓고 본다면, 효 3,000자의 주술성 역시 이와 같은 분리된 전이 주술에 대한 믿음의 행위라고 하겠다.

부적의 재료와 제작

|

글씨에 가까운 그림

일반적으로 부적의 재료라고 하면, 캔버스나 스케치북과 같은 역할을 하는 종이와 안료 역할을 하는 주사 그리고 붓이다. 오늘날에는 붓을 잘 사용하지 않지만, 조선시대만 하더라도 붓은 지금의 볼펜 같은 기본적인 필기구였다. 이를 고려하면, 안료가 먹에서 주사로 바뀌는 것 외에는 서예나 부적의 차이가 크지 않다는 사실을 알 수 있다.

유럽은 글씨를 쓰는 펜과 그림을 그리는 붓의 차이가 확연하다. 시쳇말로 연장이 다른 것이다. 그러나 동아시아는 글씨와 그림에 사용하는 붓이 동일하다. 이 때문에 글씨를 잘 쓰는 사람은 붓놀림이 좋아서 그림도 잘 그릴 수 있다. 이로 인해 당나라의 왕유를 필두로, 직업 화가의 그림(공필화)과는 격을 달리하는 남종문인화가 나타나게 된다.

글씨에 있어서도 한석봉의 필체를 간판 글씨라고 폄하하는 것역시 표면적으로 드러나는 가치보다 그 이면의 정신적 가치를 높이 평가하기 때문이다. 즉 형상을 넘어, 격이 높은 정신적 예술을 추구하는 것이다. 그러나 사실 정신적 측면인 '문자향서권기文字香書卷氣'는 주관성에 좌우되는 감성의 영역이 되기 쉽다. 즉 여기에는 객관적인 기준 정립에 있어서 문제가 제기될 수 있는 측면이 존재하는 것이다.

'부적과 문인화가 무슨 상관이냐?'고 할지도 모르겠다. 먼저부적은 대부분 일정한 선 굵기를 가진 단순한 도안이다. 즉 부적은 그림과 글씨 사이에 위치한다는 말이다. 한편 그림은 특징상 선 굵기가 다양할 수밖에 없다.

그런데 부적의 선 굵기가 일정하다는 말은 부적이 직업 화가보다는 글씨를 쓰는 사람들에 의해서 전승되었다는 것을 의미한다. 이는 부적에 글씨가 다수 삽입된 이유에 대한 설명이 될 수있다. 우리는 부적의 필선을 통해서 부적의 전승자들이 제대로 된정식 교육을 받지 못한 하급의 지식인 또는 지식인을 동경한 이들이었음을 판단해볼 수 있다.

부적이 문인화와 같은 고급의 정신적 가치나 미려한 붓놀림을 나타낸다고 보기는 어렵다. 그러나 조선에서 기초적인 문자를 알고 붓을 놀릴 수 있었던 이들이라면 하급의 지식인 정도는 된다. 또 부적이 지향하는 것은 내용이다. 이런 점에서 본다면, 부적 안에도 문인화의 성격이 일정 부분은 존재한다고 하겠다.

황색 종이와 자색 종이

부적을 쓰는 종이는 황지가 가장 일반적이다. 이때 황지는 괴화나무를 우린 물로 염색하기 때문에 괴황지라고도 한다. 황색은 자색과 더불어 황제와 성인을 상징하는 최고급 색이다. 신분제가 사라진 오늘날에는 황색이나 자색이 누구에게나 허용된다. 그러나 과거 동아시아에서, 황색과 자색은 황제와 성인에게만 허용되는 금단의 색이었다. 만일 이를 어긴다면 죽음의 징벌이 기다리고 있었으니, 그 규제가 매우 엄격했다고 하겠다.

중국 북경의 자금성은 황색 기와를 사용하며, 명·청의 황제들은 모두 황색 복장을 착용했다. 그러나 제후 신분이었던 조선의 국왕은 황색을 사용할 수 없었다. 창덕궁과 경복궁은 검은 기와를 사용했고, 임금 역시 제후를 나타내는 붉은색의 곤룡포를 착용할 뿐이었다.

| 청나라 강희제의 어진(위)과 북경의 자금성(아래)

흥미로운 것은 조선이 유교를 내세우면서 숭유억불을 단행한 왕조임에도 불상에는 모두 황금색이 사용되었다는 점이다. 이는 불교가 억압받더라도 부처님은 성인이었기 때문에 황색의 사용이 가능했던 까닭이다. 아이러니하게도 숭유억불의 조선에서 국왕은 부처님보다 낮은 위치였던 셈이다.

부적에 황지를 사용하는 것에는 '신성함의 강조'와 '신령한 기운과의 소통'이라는 두 가지 이유가 존재한다. 즉 권위를 세움과 동시에 신적인 존재와의 연결이라는 이중성을 갖는 것이다.

동아시아의 전통 중에 황제나 성인과 관련되지 않은 부분에서 황색이 사용된 사례로는 책의 표지가 있다. 고서를 보면, 목판으로 능화菱花 즉 마름꽃 무늬를 새겨서 찍은 황지가 사용된다. 이는 책이 그 자체로 지식과 가르침에 대한 신성함을 강조하는 동시에 가르침을 베풀어준 성인과의 연결로 이해될 수 있다. 말하자면 책의 표지와 부적에 황색이 사용되는 데에는 동일한 판단이 적용되는 것이다.

황제와 성인의 상징 색에 황색 외에도 자색이 더 있다는 것은, 북경의 자금성紫禁城 즉 '자색의 금지된 성'이나 불국사 대웅전의 진입문인 자하문紫霞門 즉 '자주빛 안개의 문'이라는 표현을 통해서도 확인해볼 수 있다.

사실 자색의 대표 상징은 밤하늘 별들의 제왕으로 평가받는 북극성이다. 북극성의 도교식 이름이 자미대제紫微大帝이고, 그 궁

| 초록색의 능화 무늬가 보이는 『백운화상초록불조직지심체요절』

| 능화판은 옛 책의 표지에 무늬를 장식하기 위해 만든 목판이다.

성이 바로 자미원紫微垣이다. 또 하늘의 주재자인 자미대제에 상응하는 이가 바로 지상의 황제이고, 황제와 같은 레벨이 성인이다. 이로 인해 자색이 황제와 성인의 색이 된 것이다. 그런데 이는 바꿔 말하면, 자색 종이 역시 부적에 사용된다는 것을 의미한다.

자색 종이는 계피를 우린 물에 반복적으로 염색해서 만드는데, 이렇게 되면 종이가 탁한 수정과 같은 색을 띠게 된다. 계피는 계수나무의 껍질로 붉은색을 띠기 때문에 일찍부터 벽사의 의미로 인식되었다.

해서 수인성 질병이 우려되는 마을 우물에는 계수나무를 심어 삿된 것이 범접하지 못하도록 했다. 또 달나라의 토끼가 계수나무(혹 불사수不死樹) 아래에서 떡방아를 찧는 것도 부정을 물리치기 위한 조치다. 왜냐하면 토끼가 찧는다는 떡방아는 사실 와전된 이야기로, 본래는 불사약을 만드는 약절구이기 때문이다. 즉 불사약인 금단(金丹, 신선이 되는 약)의 제조에 삿된 것이 범접하지 못하도록 계수나무가 배치된 것이다.

그러나 황제와 성인에게도 자색보다는 황색의 사용이 보편적인 것처럼, 부적에서도 일반적으로 황색 즉 황지(괴황지)가 주로 사용되었다. 오늘날에는 전통적인 괴황지보다 인터넷이나 불교용품점 등에서 판매되는 황지가 주로 사용된다.

복숭아나무와 대추나무

『포박자』「내편」에는 부적의 재료로 복숭아나무나 대추나무 등도 기재되어 있다. 복숭아는 질료에 존재하는 신성함에 의해서 벽사의 의미가 극대화된다. 또 대추나무는 나무 자체가 적갈색으로 붉기 때문에 계피와 같은 붉은색의 벽사 상징을 내포한다. 최근 도장의 재료로 사용되는 벽조목霹棗木, 즉 벼락 맞은 대추나무도 그 연장선상에서 이해하면 된다. 즉 붉은 대추나무에 벼락이라는 강력한 벽사의 기운이 합쳐진 것이 바로 벽조목인 것이다.

그러나 한 번 더 생각해보면, 대추나무에 벼락이 떨어질 확률이 얼마나 되겠는가. 이 때문에 최근에는 전기장치를 통해서 인위적으로 나무에 벼락의 효과를 주기도 한다. 즉 양봉하는 벌이 설탕물을 먹고 꿀을 만드는 것처럼, 시중의 벽조목 역시 인위적인 벽조목인 셈이다.

그러고 보면 복숭아나무는 해가 뜰 때 자른 동쪽으로 뻗은 가지인 '동도지'를 높이 쳐주는 반면, 대추나무는 벼락 맞은 '벽조목'을 최고로 친다는 점에서 양자가 비슷하면서도 조금 다른 관점을 가진다는 판단도 가능하다.

다시 종이 이야기로 돌아가면, 종이가 개량되어 대중화되기 시작한 것은 2세기 말 후한의 환관인 채륜(蔡倫, 50?~121?)에 의해서다. 채륜은 일종의 국가 프로젝트인 종이의 대량화를 주도한 인물이다.

그러나 달리 말하면, 2세기 전에는 종이가 일반화되지 않았다는 의미가 된다. 종이 이전에 종이의 대용물은 죽간竹簡과 목간木簡이었다. 죽간과 목간은 대나무와 나무를 길고 좁게 재단해서 가죽끈으로 연결해 사용한 것으로, 한자 '책冊' 자는 이러한 죽간과 목간의 형태를 모사한 글자다. 이외에 종이의 대체품으로는 비단이 있는데, 이렇게 제작된 문건을 '비단 백帛' 자를 써서 '백서帛書'라고

| 대나무 쪽을 엮어 만든 죽간

일컬었다.

　부적의 연원이 종이보다 앞서므로 종이 이전에 죽간과 목간 및 비단이 사용되었다는 것은 당연히 이러한 재료들에도 부적이 그려졌다는 것을 의미한다. 실제로『포박자』에는 목패木牌 외에 비단도 등장하는데, 이는 같은 유풍에 따른 것이라고 하겠다.

　또 종이는 물에 취약한 단점이 있다. 이는 비단도 마찬가지다. 이런 점에서 목패에 부적을 새기는 것은 작업이 번거롭기는 하지만, 그 나름의 유용한 측면이 존재한다. 실제로 조선 후기까지 호패號牌는 파손을 우려해 단단한 목재가 주로 사용되었다는 점을 상기할 필요가 있다.

　또 목패 형태의 부적 제작은 목판의 부적과도 연관해서 이해

부적의 비밀

될 수 있다. 부적에는 해인사의 팔만대장경처럼 목판으로 제작되어 인경印經하는 방식으로 찍어서 사용하는 것도 존재한다. 이때는 붉은색도 사용되지만, 먹을 사용해서 판화처럼 제작되기도 하였다. 이런 경우는 부적 역시 검은 먹빛을 띠게 된다.

판화 부적은 일종의 대량생산인 셈인데, 우리나라에서는 사찰에서 주로 제작되었다. 왜냐하면 경판과 관련된 목판 제작 기술이 사찰에 있었고, 또 많은 신도에게 배부해야 할 필요성도 존재했기 때문이다. 이렇게 목판으로 부적을 제작하는 경우에는 한 판에 여러 종류를 새기거나, 작게 스탬프 형식으로 만드는 방법을 사용했다. 즉 인쇄와 도장 찍는 방식을 이용한 일종의 '부적종합선물세트'가 갖춰진 것이다.

이렇게 놓고 본다면, 부적에는 '수제의 소량생산'과 '인쇄(혹 날인捺印)의 대량생산'이라는 두 가지 제작 방식이 존재했다는 것을 알수 있다. 이는 오늘날도 마찬가지다. 직접 그리는 방식과 정교하게 인쇄해서 직접 그린 것 같은 양질의 결과물을 내는 두 가지 방식이 존재하기 때문이다. 물론 일반 프린트로 인쇄한 것 같은, 한눈에 봐도 조잡한 인쇄 부적도 존재한다.

그런데 더 흥미로운 것은 직접 그리는 방식 또한 맞춤형으로 그때그때 진행되는 방식과, 기계처럼 하루 종일 반복해서 그린 부적을 납품하는 방식의 두 가지 형태가 존재한다는 점이다. 입춘이나 정초에 대규모로 나눠주는 부적은 '핸드메이드'라도 후자에 속

사람의 모습을 닮은 부적판도 있고, 강렬한 태양빛으로 삿된 기운을 몰아내는
강력한 벽사의 역할을 담당한 부적판도 있다.

팔괘 도상의 부적판(좌), 원형의 불교 부적판(우)

한다고 이해하면 되겠다.

그렇다면 부적의 사이즈는 어떻게 될까? 도교의 경전인『구천현녀현부경九天玄女玄夫經』에서 크기를 대략 가로 10cm, 세로 12cm 정도로 규정하는 모습이 확인된다. 그러나 사실 부적의 크기와 관련해서는 딱히 정해진 규격은 없다. 다만 여러 부적을 보면, 가로와 세로 비율이 2:3처럼 세로가 조금 더 길거나, 세로 비율이 압도적으로 긴 두 가지 모양이 있다는 것을 알 수 있다. 그러나 요즘에는 부적 용지를 구입해서 사용하기 때문에 크기는 큰 문제가 되지 않는다.

주사와 수탉의 피

| 빨간색은 죽음의 색일까?

어린 시절 믿었던 속설 중에 '죽은 사람은 빨간색으로 이름을 쓴다.'는 것이 있다. 그러나 사당의 위패를 보면, 먹 즉 검은색으로 쓰여 있지 빨간색으로 쓰는 경우는 없다.

또 요즘에야 사인이 보편화되었지만, 얼마 전까지만도 해도 내 이름을 대신하는 것은 도장이었다. 그런데 도장밥인 '인주印朱'는 붉은색이 아닌가? 만일 빨간색으로 이름을 쓰는 것이 죽음이나 불길한 것과 관련된다면, 이름이 새겨진 도장을 붉은 인주로 찍는

| 블랙 패션의 저승사자 캐릭터를 엿볼 수 있는 tvN 드라마 〈도깨비〉의 장면

것은 어떻게 이해해야 할까?

좀 더 기억을 거슬러 올라가면, 저승의 명부는 빨간색으로 적혀 있다는 말을 들어본 적이 있을 것이다. 그러나 이 역시 근거 없는 속설일 뿐이다. 즉 붉은색의 강렬함을 저승과 연결시킨 고대판 '찌라시' 혹은 누군가의 '뇌피셜'에 불과할 따름이다.

동아시아의 전통문화에서 저승은 이승의 거울 속 세상과 같은 반대의 세계다. 그 때문에 저승의 통로가 되는 상가喪家에서는 절을 할 때, 평소와는 반대로 오른손을 위로 올리게 된다. 또 전통문화에서는 왼쪽을 오른쪽보다 높이지만, 상가에서는 오른쪽이 왼쪽보다 높다.

'저승은 이승의 반대'라는 말은 연세 드신 분들은 한 번쯤 들어봤을 것이다. 저승사자가 사람들의 인식에서 올블랙 패션으로 떠오르는 것도 과거에는 상喪을 당하면 조문객과 상주가 모두 흰색 상복을 입었기 때문이다.

| 주사의 성분과 효과

부적을 쓰는 재료는 주사朱砂다. 주사는 수은과 유황의 화합물인 황화수은을 주성분으로 하는 결정으로 붉은색을 띠며, 순도가 높으면 적갈색을 나타낸다. 『동의보감』「내경內景」 편에는 명나라 이시진(李時珍, 1518~1593)의 『본초강목本草綱目』을 인용해서, 주사는 "불의 성질을 가져서 색이 붉으므로 심心에 들어가 마음과 정신을 조절한다(法火, 故色赤而入心, 能鎭養心神)."라고 쓰여 있다. 또 "정신을 기르고 혼백을 편안하게 하는데, 오래 복용하면 (천지)신명神明과 통한다(養精神, 安魂魄, 久服通神明)."라고 적고 있다.

또 「탕약湯藥」 편에는 주사에 대해 허준이 다음과 같이 정리하고 있다. "(주사의) 성질은 조금 찬데, 서늘하다고도 한다. 맛은 달며 독은 없는데, 조금 독이 있다고도 한다. 모든 병에 사용될 수 있다. 정신을 기르고 혼백을 편안하게 하며, 정신을 북돋고 눈을 밝게 해준다. 얼굴에 화색이 돌게 하고 혈맥을 통하게 하며, 마음을 조율하고 정신을 안정시킨다. 정령과 도깨비 및 사악한 귀신을 죽이는 효능이 있다. … 오래 복용하면 (천지)신명神明과 통하고 늙지 않으며, 몸이 가벼워져 신선이 된다(性微寒一云涼. 味甘, 無毒一云微毒. 主百病. 養精神, 安魂魄, 益精神, 明目. 悅澤人面, 通血脉, 鎭心安神. 殺精魅邪惡鬼. … 久服通

| 주사의 흥미로운 효능이 수록된 『동의보감』

神明, 不老輕身, 神仙)."

　여기에서 흥미로운 대목은 '마음과 정신을 안정시킨다는 점'
과 '정령과 도깨비 및 사악한 귀신을 죽인다는 점' 그리고 '장복하
면 천지신명과 통하고, 늙지 않으며(不老) 신선이 된다는 점'이다.
이 중 충격적인 것은 불로와 신선의 대목이 아닌가 한다.

　사실 많은 사람이 『동의보감』을 과학적인 의서라고 생각하는
데, 실제로는 주술적인 측면이 다소 포함된 시대적 한계를 가진 책
이다. 「내경」편의 오가피五加皮의 설명에는 『본초강목』을 인용해
서, "세상에는 오가피 술이나 가루를 장복해서 장수하여 죽지 않
는 사람이 헤아릴 수 없이 많다(世有服五加皮酒散, 而獲延年不死者, 不可勝
計)."라고 적고 있다.

　　　　　　　　　　　　　　　　　　　　　　　　　　　부적의 비밀

'개중에는 오가피를 먹어서 안 죽는 사람도 있다'도 아니고 헤아릴 수 없이 많다니, 누가 봐도 이해할 수 없는 기록이다. 이런 황망한 죽음을 극복하는 방법은 『동의보감』에만 수십 가지가 기록되어 있다. 즉 『동의보감』에 대한 판단은 앞서 부적의 수록에서도 언급한 것처럼 다시 생각해볼 필요가 있다.

『동의보감』에서 '마음과 정신을 진정시킨다'는 대목은 부적과 관련해서도 흥미로운 내용이다. 주사를 복용하면 이러한 약성이 나타난다. 그런데 부적을 사용하는 방법으로 불에 태워서 그 재를 먹는 경우가 있다. 순간적으로 정신에 이상이 있어 평상시와 다른 행동을 보이거나 놀라 경기를 일으켰을 때, 부적을 태운 재를 물에 타서 먹임으로써 증상의 호전을 기대했다. 이는 부적의 힘보다는 주사의 효능 때문이었을 것이다. 이런 내용을 한의학에서는 인지하고 있었던 것이다.

또한 '정령과 도깨비 및 사악한 귀신을 죽인다'는 대목은 '장복하면 천지신명과 통하고, 늙지 않으며(不老) 신선이 된다는 점'과 더불어 한의학에 내포된 합리성의 한계를 이해할 수 있다. 역으로 '장복하면 천지신명과 통하고, 늙지 않으며(不老) 신선이 된다는 점'에서는 한의학이 부적의 영향을 받았다고 볼 수 있다. 오늘날 부적과 한의술은 별개의 신앙과 학문으로 구분되지만, 선사시대부터 조선시대까지 이들은 뭉뚱그려 존재하고 있었던 것이다.

끝으로 『동의보감』의 주사 설명과 관련해서 반드시 짚고 넘어

가야 할 부분이 있다. 바로 주사에 '독성이 없다'는 내용이다. 안정된 주사는 독성이 없으며, 『동의보감』에서도 '수비水飛' 즉 잘 정제해서 먹을 것을 권하고 있다.

그러나 주사는 종류가 많으므로 개중에는 수은의 독성이 남는 경우도 존재한다. 즉 『동의보감』의 기록처럼 장복하면 불로와 신선이 되는 게 아니라, 수은 중독으로 위험한 지경에 이를 수 있다. 또한 부적을 불에 태워 마시는 행위는 절대로 해서는 안 된다. 수은은 인체에 치명적인 중금속으로, 배출이 여간 까다로운 게 아니기 때문이다.

| 불사약과 신선의 경지

중국 한나라 초기에는 도가 계열의 황로학(黃老學, 황제 헌원과 노자의 학문)이 유행했다. 이로 인해 불사약을 구하는 경우가 전 시대에 비해 크게 증대했다. 한무제는 신선이 되기 위해 하늘의 이슬을 받아먹는 구리로 된 거대한 소반을 만들었다. 이를 '노반露盤'이라고 하는데, 후일 불교의 전래와 함께 탑의 상륜부 장식으로 수용되었다.

이슬 정도야 당연히 문제가 되지 않는다. 그러나 신선이 되는 불사약인 금단의 재료(납과 수은)는 아이러니하게도 치명적인 중금속이다. 이 때문에 한나라의 황제를 필두로 중국의 많은 황제들이 불사약을 먹고 정신착란을 경험하다가 죽기 일쑤였다. 그런데 흥

찰주
보주
용차
수연
보개
보륜
앙화
복발
노반

| 불국사 석가탑과 상륜부

미로운 것은 이때 환각이 발생하면서, 스스로는 신선의 세계로 들어가는 것 같은 경험을 했다는 점이다. 이런 양상은 도교가 활발했던 위진남북조시대에서도 확인된다.

사마천의 『사기』 「진시황본기」에는 진시황의 무덤에 수은으로 된 강이 배치되었다고 기록되어 있으며, 이는 오늘날 확인된 사실이다. 이런 '수은 강'의 존재는 영생永生의 추구이며 불사의 욕망과도 관련된다. 그러나 결과는 중금속 중독에 의한 광증狂症을 동반한 조기 사망일 따름이다.

주사와 경면주사

주사朱砂는 '붉은 모래'라는 뜻으로 주사의 입자는 모래처럼 굵은 편이며, 다른 이름은 단사丹砂다. 여기서 '단' 자는 '붉다'는 뜻이므로 주사와 의미가 유사하다. 또한『동의보감』「내경」에는 중국 호남성의 진주辰州에서 산출되기 때문에 '진사辰砂'라고 했다고도 기록되어 있다. 주사를 속성으로 말할 때는 '영사靈砂'라고도 한다. 삿된 기운을 쫓는 신령한 모래라는 의미다.

주사 중 최고로 치는 것은 경면주사鏡面朱砂다. 경면주사는 천연적인 주사의 결정이 물고기 비늘이나 석영처럼 되어 있는 것을 말한다. 과거에는 평평하고 밝은 것이 거울(동경)이었기 때문에 경면鏡面, 즉 거울 면과 같다고 한 것이다.

경면주사와 거울의 유사성 때문에 거울 자체도 벽사의 상징물이라는 점에서 주사와 시너지 효과를 낼 수 있는 측면이 있다. 벼락 맞은 대추나무처럼 두 가지의 상징성이 중첩되는 경우라고 하겠다. 이 때문에 경면주사를 주사 중에 최고로 평가하는 것이다.

『동의보감』「내경」과『본초강목』권9에는 최고의 주사가 '광명사光明砂'로 되어 있다. 여기서의 광명은 거울 같은 측면을 의미하기에 경면주사가 광명사로도 불리는 것이다.

경면주사와 관련해서는 재미있는 이야기가 있다. 경면주사의 산지産地가 중국의 경면산(혹 경명산)인데, 이곳은 지형이 매우 험해

부적의 비밀

| 경면주사

서 인간의 접근이 쉽지 않았다고 한다. 해서 원숭이를 약 올려 돌을 던지게 하는 방식으로 경면주사를 획득했다는 것이다. 이는 경면주사가 인간이 쉽게 범접할 수 없는 성물聖物이며, 또한 희소해서 고가로 거래될 수밖에 없다는 것을 의미하기도 한다.

| 주사와 인주

원래는 도장밥인 인주印朱도 주사로 만든 것을 최고로 여겼다. 도장圖章은 본래 그림과 글씨라는 의미이며, 낙관落款의 바른 명칭이 도서圖書라는 점은 앞서 언급한 바 있다. 이런 점에서 본다면, 도장을 왜 주사 인주로 찍고자 했던 것인지 분명해진다.

그러나 주사는 중국으로부터의 수입에 전량 의존해야만 했던 고가의 물건이었다. 이 때문에 인주는 철을 산화시켜 녹슨 쇠를 이용한 방법으로 대체되기도 했다. 그러나 이 경우에는 주사의 선명

| 붉은색의 인주(위), 주사 안료로 그린 〈백자 진사 대나무무늬 항아리〉(왼쪽 아래), 철화 안료로 그린 국보 〈백자 철화 포도 원숭이무늬 항아리〉(오른쪽 아래)

하고 밝은 빨강과 달리, 다소 거무죽죽하고 어두운 붉은색이 만들어지게 된다. 이를 통해서 우리는, 도장에는 어떻게 해서든 붉은 인주를 사용하고자 하는 강력한 의지가 존재했음을 읽어볼 수가 있다.

흥미로운 것은 주사와 녹슨 철은 도자기에서 색을 내는 안료로도 사용되었다는 점이다. 주사로 도안이 되면 선명한 붉은색의 '진사 도자기'가 되고, 녹슨 철을 사용하면 검은색의 '철화 도자기'

부적의 비밀

| 뱀을 쫓는다는 속설이 있는 웅황雄黃

가 된다. 이때는 붉은색과 검은색으로 색이 완전히 바뀐다.

또 주사가 모든 삿된 기운을 이긴다는 생각 때문에, 예전에는 마을의 공동 우물에 주사를 묻는 일도 있었다. 이는 수인성전염병을 예방하기 위한 것이었다. 실제로『신선전』에는 주사를 묻은 우물물을 오래도록 마시면 무병장수한다는 기록이 있다.『동의보감』의 주사 효능 기록으로 미루어보아, 신선과 관련된 내용이 어디에서 영향을 받은 것인지 추정할 수 있게 한다.

『포박자』「내편」에는 공손헌원(황제黃帝)의 스승인 광성자廣成子가 '웅황雄黃을 지니면 모든 뱀이 범접하지 못한다.'는 가르침을 주는 대목이 나오는데, 그 결과 뱀이 웅황을 싫어한다는 것이 동아시아의 대표적인 속설로 자리 잡게 된다. 그런데 이는 '선풍기를 틀어놓고 자면 죽는다.'는 속설처럼, 실제로는 아무런 효과도 없는 낭설일 뿐이다. 그럼에도 이런 속설이 널리 퍼질 수 있었던 것은, 전

근대사회까지 주술적인 힘을 빌려서라도 극복해야 할 대상들이 너무나도 많았기 때문이다.

수탉의 피와 계혈석

붉은색이 벽사의 의미를 갖는 것은 인류의 공통된 인식 중 하나다. 이 때문에 다이아몬드가 등장하기 이전, 보석의 황제는 언제나 붉은색의 루비였다. 참고로 다이아몬드는 너무나 단단했기 때문에 제대로 된 세공이 불가능했고, 이로 인해 르네상스 시대까지도 보석으로서의 온전한 가치를 인정받지 못했다. 실제로 다이아몬드의 어원은 '정복할 수 없다'는 뜻의 그리스어 '아다마스adamas'다. 이러한 다이아몬드의 특수성 때문에, 오래된 왕관 장식의 정점은 언제나 붉은 루비의 차지였다.

인간이 붉은색에 강렬한 인상을 느끼는 것은 피 때문이라는 주장도 있다. 그런데 앞서 언급한 것처럼, 부적을 그릴 때 실제로 피가 사용된 경우도 존재한다. 수탉의 볏을 절개했을 때 나오는 피를 사용하는 것이다. 이는 수탉이 새벽을 알리는 신성한 동물로, 그 중에서도 가장 높은 곳에 위치한 붉은색의 볏에 수탉의 정기가 모인다고 생각했기 때문이다. 즉 수탉 중에서도 벽사의 기운이 응축된 곳이 붉은 볏인 것이다.

합리적으로 생각한다면, 수탉의 볏에서 나온 피나 다른 곳의 피나 그 차이는 존재할 수 없다. 그러나 주술은 합리성이 아닌 상징

부적의 비밀

| 계혈석 도장

성이 훨씬 큰 비중을 차지한다는 점을 상기할 필요가 있다. 이런 관점에서 이와 같은 행위도 이루어지는 것이다.

한편 중국에서는 주사와 수탉 피의 상징을 결합하는 경우도 있다. 모든 삿된 기운을 몰아내는 도장 재료인 계혈석鷄血石이 바로 그것이다. '계혈석'이란 수탉의 피가 섞인 돌이라는 의미인데, 정확하게는 주사류의 이질적인 광물이 돌에 박혀 있는 도장 재료를 의미한다.

계혈석은 벽조목보다도 더 강력한 벽사 능력을 가졌다고 하는데, 주사와 수탉 피라는 두 가지 상징의 결합이라는 점에서 흥미롭다. 참고로 계혈석은 붉은색이 많이 박혀 있거나, 돌의 질료가 좋은 것을 상품으로 친다. 그러나 붉은색이 많이 박힌 것은 인위적으로 만들어진 것일 수 있다는 점을 유념할 필요가 있다.

| 황토와 성인 무덤의 흙

주사와 수탉 피 외에도 일부에서는 부적 안료로 황토가 사용되기도 한다. 황토 역시 붉은색을 띠기 때문이다. 붉은색이 벽사의 의미를 가진다는 것은 동지팥죽이나 고사 때 팥시루떡을 올리는 행위, 또 불교의 점안의식點眼儀式이나 구병시식救病施食(일종의 퇴마의식)에서 팥을 뿌리는 행위 이외에도 전통 건축의 단청에서 기둥의 기본색을 팥죽색으로 칠하는 행위를 통해서 미루어봄 직하다.

그러나 황토는 일반적으로 사용되는 것은 아니다. 그렇지만 황토로 부뚜막을 미장하거나, 결혼 후 새사람을 맞아들일 때 황토로 금을 긋고 이를 넘어오도록 하는 풍습 등이 남아 있어 황토에 벽사의 의미가 내포되어 있다는 것을 알게 한다.

황토와 유사한 것으로는 성인聖人의 묘지 흙도 있다. 듣기에 따라서는 다소 섬뜩할 수도 있는데, 공자와 맹자 등의 무덤 흙으로 부적을 쓰는 경우가 그렇다. 성인의 무덤 흙은 성인의 기운을 품고 있기 때문에 신령한 에너지가 있어 모든 삿된 기운과 귀신을 물리친다는 판단이다.

주자의 『주역본의周易本義』 등에 따르면, 『주역』에서는 점을 칠 때, 원래는 '시초蓍草'라는 풀을 사용하게 되어 있다. 이를 '시초점蓍草占'이라고 한다. 시초는 성인의 무덤에서 자란 신령한 풀을 말

| 순천 송광사의 삼청교와 우화각의 붉은 기둥들

린 것으로, 이 풀로 점을 치면 점괘가 영험하고 신통하다고 전해진다.

물론 시초는 구하기 어렵기 때문에 일반적으로는 대나무를 잘게 쪼갠 산가지, 즉 서죽筮竹을 사용한다. 『주역』 점은 이러한 산가지를 세는 설죽揲竹(혹 설시揲蓍)을 통해서 점을 치게 되는데, 이렇게 산가지를 셈하는 것을 산수算數라고 한다. 요즘은 수학으로 통일되어 있지만, 과거 초등학교에서는 산수였고 중학교부터 수학이었다. 여기서의 산수가 바로 점과 관련된 명칭인 것이다.

또 산가지를 담아놓는 통을 산통算筒이라고 하며, 우리가 사용하는 관용어 중에 '산통이 깨지다'는 말이 여기에서 유래한다. 조선시대에 점술사는 맹인의 비율이 높았기 때문에, 산통이 깨져서 50

| 점괘가 쓰여진 산가지와 산가지를 넣어두는 산통. 후대의 것으로 원래의
『주역』산가지와는 차이가 있다.

개의 산가지가 흩어지면 낭패를 보게 된다. 이런 추스르기 버거운
황망한 상황을 맞닥뜨려 잘 되어가던 일이 뒤틀릴 때 사용되는 표
현이다.

주사의 매개체, 기름과 물

수탉 피는 액체이기 때문에 부적을 그리는 데 문제가 없다. 그
러나 주사나 황토는 액체를 섞어야만 부적을 그리는 행위가 가능
하다. 즉 액상으로 만들어줄 매개체가 필요한 것이다. 부적을 그리
는 데 사용하는 주사는 곱게 간 돌가루이기 때문에 점성이 존재하

부적의 비밀

지 않는다. 그러므로 증발되지 않고 주사 입자를 잡아줄 수 있는 기름이 필요하다.

이때 사용되는 가장 일반적인 것이 참기름이다. 참기름은 과거에는 최고급 기름인 동시에 식재료였다. 그러므로 주사와 참기름의 조합은 최고끼리의 결합이라고 하겠다. 요즘에는 참기름이 향이 강하기 때문에, 불교용품점에서 판매하는 부적 제작용 전문 기름을 사용하는 경우가 더 많다.

참기름 외에 물을 사용하는 경우도 더러 존재한다. 그러나 주사 자체에는 점성이 전혀 존재하지 않기 때문에, 물이 증발하며 주사가 종이 위에서 흐트러지는 양상이 발생하기도 한다. 그러므로 물을 사용하기 위해서는 종이가 매끄럽지 않은 오돌토돌 요철이 많은 한지 위에, 주사를 매우 곱게 갈아서 사용해야 한다. 이렇게 하지 않을 경우 편법으로 물에 설탕을 녹여 점성을 주기도 한다.

이때 사용되는 물은 일반적인 물이 아니라, 동쪽으로 흐르는 물을 동이 틀 녘에 길어온 것이어야 한다. 이는 충만한 양기를 극대화한 것으로, 동쪽으로 뻗은 복숭아나무 가지를 해 뜰 때 꺾는 것과 같은 주술적 원리라고 하겠다.

예부터 동쪽으로 흐르는 물은 전통적으로 양기가 충만한 길한 물이라고 인식했다. 해서 음력 6월 15일인 유둣날에는 '동쪽으로 흐르는 물에 머리와 몸을 씻는 풍습'이 있었다. 이를 '동류두목욕東流頭沐浴'이라고 하는데, 이 말을 줄인 것이 바로 유두 즉 '유두절流頭

│ 신윤복의 〈단오풍정〉은 유두 풍속을 그린 것이라는 주장이 있다.

節'이다.

유두절이 되면, 모든 농사가 끝나고 풍년을 기원하는 일만 남게 된다. 그러므로 양기가 충만한 동쪽으로 흐르는 물에 몸을 씻어 부정을 털고 재계해서, 기후가 안정되어 풍년이 들기를 기원하는 것이다. 유두 다음에는 음력 7월 15일 백중(우란분절)과 8월 15일 한가위(추석)로 이어지게 된다.

동류수東流水 외에 잿물이 사용되는 경우도 있다. 잿물은 불에 탄 재를 가라앉힌 검은 물인데, 잿물 속에는 불기운이 존재한다고 생각해서 벽사의 의미를 포함한다고 이해되었다. 때문에 삿된 기운을 극복하는 방법으로 예전에는 재를 바르거나 재를 묻는 방법 등이 사용되기도 하였다.

부적을 그리는 방법

| 부적단의 배치 방법

부적 그리기는 새로 산 정갈한 책상에 부적단符籍壇을 만드는 것에서 시작한다. 먼저 책상은 남쪽으로 향하도록 한다(남향). 그리고 책상의 맨 위의 좌측(동남)에는 동도지를 올려놓고 우측에는 향로(서남)를 진설한다.

동도지의 아래쪽(동북)에는 동쪽으로 흐르는 물인 동류수를 떠놓고, 향로의 아래(서북)에는 소나무나 잣나무 가지와 같은 침엽수 가지 묶음을 배치한다. 침엽수는 삿된 것이 범접하지 못하도록 하는 벽사를 상징한다. 이 침엽수 가지를 동류수에 적셔서 '동→남→서→북'의 순서로 뿌린다. 이를 '사방정화四方淨化' 또는 '사방청정四方淸淨'이라고 한다.

침엽수 가지를 구할 수 없을 때는 버드나무 가지를 사용하는 것도 가능하다. 침엽수 가지를 사용하는 것은 동아시아 전통으로 한의학의 침술과 관련된다. 침으로 병을 치료하는 것의 기원은, 놀

│ 가시가 뾰족한 엄나무를 지붕 아래 걸어 삿된 기운
을 내쫓았다.

랍게도 뾰족한 바늘을 몸에 찔러서 몸 안의 귀신과 삿된 기운을 쫓
아내는 방법에 있다. 이 연장선상에서 침엽수 가지를 활용한 정화
법이 존재하는 것이다.

최근까지도 시골에는 뾰족한 가시가 삿됨의 범접을 차단한다
고 해서, 집의 문 쪽에 엄나무를 심는 문화가 남아 있다. 그러나 가
시나무가 미관상 좋지 않으므로 급속히 사라지는 추세다.

침엽수가 삿된 기운을 물리친다는 인식은 일본에도 존재하는
데, 문 앞에 소나무 가지와 대나무를 죽창처럼 잘라서 장식하는 카
도마츠(門松, かどまつ)가 대표적이다. 또 이는 일본 신사에 쳐진 굵
은 금줄(注連, 시메나와しめなわ)에 달린 번개 모양의 종이나, 의식 전
에 번개 모양의 종이로 만든 불제봉(祓除棒, 오오누사おおぬさ)으로 부
정을 씻어내는 방식으로까지 유전되었다.

부적의 비밀

| 일본에서는 정월에 새해맞이로 '카도마츠'라는
나무 장식을 한다.

버드나무 가지를 사용하는 것은 무더운 기후로 인해 침엽수
가 존재하지 않는 인도 같은 나라의 방식이 불교를 통해 전래한 형
태다. 이는 양류관음이 버드나무 가지로 감로수를 뿌려 모든 질병
을 소멸한다는 것이나, 불화 〈수월관음도〉에 버드나무 가지가 등
장하는 것 등을 통해서 확인해볼 수 있다.

정화와 결계의 상징, 향

사방四方 정화 이후에는 향을 피우는데, 이는 향으로 공간을
정화하기 위함이다. 향은 이집트에서 신에게 올리는 성물로 발전

| 보물 〈의겸 등 필 수월관음도義謙 等 筆 水月觀音圖〉에 보이는 버드나무 가지

하여 인도로 전래했고, 이후 불교를 타고 동아시아로 전파되었다. 흔히 유교 풍습에 따라 설·추석 때 차례나 제사 등에 향이 널리 사용되기 때문에 향을 당연히 중국 문화라고 생각하는데, 이는 사실이 아니다.

『삼국유사』「아도기라阿道基羅」에는, 중국의 양나라에서 신라로 향이 전해지자 사용처를 몰라 전국에 수소문하는 일이 기록되어 있다. 이때 승려 묵호자墨胡子(검은 옷을 입은 외국인 선생님)가 향을 사르는 법을 가르쳐주며, 향의 연기는 신명神明과 통하는 매개체로 신령한 대상 중 최고는 단연 불·법·승 삼보임을 천명한다. 즉 불교를 타고 전래한 인도의 향 문화가 불교 시대에 동아시아를 매료시키며, 유교의 조상숭배에까지 깊은 영향을 미치게 된 것이다.

향은 이집트나 인도와 같은 무더운 기후에서는 공간의 냄새를 제거하는 정화의 필수품이기도 하다. 천주교에서도 미사 때 향으로 주위를 정화하는 모습을 볼 수 있다. 또 유럽에서는 페스트가 유행할 때, 향을 피워 부정不淨을 물리치기도 했다. 즉 향에는 기본적으로 정화의 의미가 포함되어 있는 것이다.

유목 문화에서는 번제를 올릴 때 제물이 연기를 타고 하늘의 신에게 전달된다고 생각했다. 이 때문에 향에 깊은 기원祈願을 새기고 향을 사르면 그 연기가 하늘로 올라가 불보살님께 전달된다는 믿음이 성립되었다.

이집트에서 향이 신에게 올리는 첫 번째 성물이 된 이유는 모

| 천주교의 미사에서 향을 사용하는 모습

든 것을 갖추어 부족함이 없는 신神도 좋은 향을 올리면 기뻐할 것이라 생각했기 때문이다. 이런 점에서 본다면, 향에는 신과 불보살님께 올리는 강력한 기원의 의미가 존재한다고 하겠다. 즉 향을 사르는 행위는 '정화'와 '기원의 성취'라는 두 가지 의미를 내포하는 것임을 알 수 있다.

끝으로 부적단 주변으로 금줄을 쳐서 결계를 만드는 것도 가능하다. 결계結界는 산스크리트어로 시마 - 반다sīmā-bandha인데, 속된 공간을 차별화해서 성스럽게 변모시키는 한 방식이다. 모든 종교는 속된 가치를 성스럽게 하는 특징을 가지는데, 이는 미르치아 엘리아데(Mircea Eliade, 1907~1986)의 『성聖과 속俗(Das Heilige und das Profane)』에 잘 나타나 있다.

결계를 칠 경우에는 부적단과 함께 자신이 결계 안에 들어갈 수 있는 공간을 확보하는 것이 중요하다. 그러나 결계는 공간을 많이 차지하므로 꼭 필수적인 요소는 아니다.

| 부적을 그리는 마음가짐

부적을 그리는 사람은 먼저 3일이나 7일 동안 재계하는 것이 좋다. 날짜는 길일吉日을 택하기도 하는데, 번잡하므로 음력 초하루나 보름에 하는 것도 무방하다. 초하루와 보름은 달(月)을 중심으로 하는 태음력에 따른 것이므로 양력으로 하면 안 된다.

부적을 그릴 때는 일출시를 확인해서 부적단에 남쪽을 보고 앉아 그리면 된다. 물론 그 이전에 주사와 기름 화합물과 붓이 준비되어 있어야 한다. 붓은 황모黃毛가 좋으나, 일반 붓도 큰 문제가 되지는 않는다.

부적은 외워서 그리는 것이 가장 바람직하다. 그러나 이게 생각보다 쉽지는 않다. 그러므로 미리 그려놓거나 복사한 것을 바닥에 놓고, 그 위에 부적 종이를 놓은 상태에서 그리는 정도가 가장 무난하다. 부적은 한 호흡에 그리는 것이 중요하다. 그러므로 중간중간에 부적 책을 보고 그리는 것은 바람직하지 않다.

부적 효과의 대부분은 상징과 이에 대한 믿음에서 만들어진다. 그러므로 부적을 그리는 사람은 부적 제작을 의뢰한 사람을 생각하고 그의 바람이 이루어지기를 기원하며, 극진한 마음으로 임할 필요가 있다. 그러나 지극한 마음도 중요하지만, 그보다 더 중요한 것은 형태를 틀리지 않는 것이다. 이를테면 시험문제를 풀 때 문제를 이해해서 정답을 도출하는 것도 중요하지만, 마킹이 잘못되면 모든 일이 헛수고가 되는 것과 같은 이치다. 즉 형식과 내용이 공히 중요하다는 말이다.

부적이
사용되는 방식

수호의 의미와 방식

예부터 부적은 실로 다양하게 사용되어왔다. 사당의 위패에
붙이기도 하고, 대문이나 대문 위 상인방에 붙이기도 했으며, 또 때
로는 방의 천장 중앙 즉 요즘으로 치면 형광등이 있는 곳이나 대들
보에도 붙이곤 했다.

먼저 위패에 붙이는 용도는 조상의 가호와 함께 부적이 작용
해서, 삿됨은 사라지고 길함은 증장하기를 기원하기 위함이다. 즉
유교의 조상숭배가 부적과 접목된 양상이라고 하겠다.

또 대문이나 천장에 부적을 붙이는 것은 모든 삿된 기운을 입

구에서 막겠다는 의미와 방에 보호막을 설치하겠다는 뜻이다. 그러나 이런 방식은 미관상 좋지 않기 때문에 최근에는 선호하지 않는다. 부득이 붙여야 할 경우에는 부적을 접어서 작게 붙이고, 그 위에 흰 종이를 덧대어 표시가 나지 않도록 하는 방법이 있다.

그러나 문에 붙이는 부적 중에는 처용 그림처럼 극복하려는 대상이 문의 입구에서 보아야 하는 경우도 존재한다. 이런 경우에는 접어서 붙이는 방식은 당연히 효과를 보기가 어렵다.

또 문 부적은 대문의 바깥쪽에 붙이면 미관상 좋지 않으므로 안쪽에 붙이는 경우도 존재한다. 그러나 이렇게 되면, 일명 귀신 통발과 같은 구조가 만들어지게 된다. 즉 삿된 것들이 들어왔다가 나가지 못하는 일이 발생하는 것이다. 그러므로 밖에 붙일 부적을 안에 붙이는 것은 바람직하지 않다.

문에 붙이는 경우는 불조심 포스터처럼 드러내서 보이는 방식과 상가의 에어커튼처럼 외부의 기운이 차단되도록 하는 것 두 종류가 있다. 이 중 두 번째는 접어서 붙이거나 안에 붙여도 무방하다. 이를테면 방충망을 문의 바깥쪽에 설치하거나 안에 설치하거나 효과에는 큰 차이가 없다는 것을 생각해보면 되겠다.

그러나 첫 번째의 외부 포스터형은 안에 붙이는 것이 전혀 효과가 없다. 이는 고속도로에서 과속 금지 팻말을 안 보이는 쪽으로 돌려놓는 것과 유사하다고 이해하면 된다.

현대에 구입하는 부적은 대부분 접어서 부적집에 넣어서 주는

데, 이렇게 받은 부적은 별도의 이야기가 없는 한 굳이 펼칠 필요가 없다. 즉 펼쳐야 하는 부적이라면 약사가 복약 지도를 하듯, 별도의 요청 사항이 있었을 것이다.

한약 처방으로서의 부적

위패에 부적을 붙이는 방식이 '조상숭배와 부적'이라면, 병을 치료하는 데도 이와 같은 방식이 사용되는 경우가 있다. 즉 '한약 처방과 부적'인 것이다.

한약을 달일 때 부적을 넣는 것이 무슨 효과가 있냐고 하겠지만, 『동의보감』 같은 의서에 부적이 버젓이 등장하던 시절이라는 점을 감안했을 때, 이는 말하자면 복합 처방에 해당한다고 하겠다. 즉 '양방과 한방'의 복합 처방이 아니라, '한방과 무속'의 복합 처방인 셈이다.

부적을 태워서 그 재를 물에 타 먹는 방식도 존재하는데, 이는 한약에 부적을 넣는 것과 유사한 의미라고 하겠다. 그러나 이와 같은 방식들은 앞서 언급한 것처럼, 부적의 주사가 위험한 광물이므로 어떤 경우라도 실행하면 안 된다.

그런데 물에 부적을 타서 먹는 방식에는 물 위에 직접 부적을 그리고 그 물을 마시게 하는 방법도 있다. 이런 경우에는 부적을 완

전히 외운 상태에서 일필휘지로 재빨리 써야 한다. 이때 쓰는 도구는 손가락 등 다양할 수 있으며, 반드시 붓이어야 할 필요는 없다.

예전에 물을 받아놓고 물에 대고 '옴' 자를 계속 외치면, 물에 옴의 파동이 새겨져서 '옴 진동수'가 만들어진다는 주장이 있었다. 이 물을 마시면 명상을 하는 것처럼 정신적인 균형이 성취된다는 것이다. 그러나 이런 옴 진동수나 물에 부적을 그리는 것이나 물의 성분 자체가 변하는 것은 전혀 없다. 즉 효 3,000자로 약을 달이는 정도라고 이해하면 되겠다.

부적을 휴대하는 방식

부적을 지니는 가장 일반적인 방법은 지갑에 넣어 다니는 것이다. 그러나 조선시대만 하더라도 지갑이 일반적인 필수품이 아니었다. 그런 점에서 속옷에 소지하는 방식이 대두하기도 했다. 그러나 조선시대에는 속옷도 모두가 입는 것은 아니었으며, 또 속옷에 부적을 붙이는 것은 쉽지 않은 일이었다. 즉 부적을 휴대하기에는 지갑이나 속옷이나 매한가지라는 말이다.

실제로 과거에 부적을 지니는 방법을 보면, 방에서 눈에 잘 띄는 장소에 붙이거나 침구나 베개에 삽입하는 방법, 또 아예 못으로 박아두는 방식 등이 사용되었다. 그러나 이런 경우에는 계속 몸에 지니지 못한다는 제한적인 측면이 존재할 수밖에 없다. 부적을 속옷에 인쇄하지 않는 한, 세탁 등을 고려할 때 속옷에 부적을 부착하는 것은 쉽지 않다. 그러므로 다소 논란이 있을 수는 있지만, 지갑에 가지고 다니는 정도가 가장 타당하다고 판단된다.

Ⅲ

부적의 모양과
세계

길상과
벽사

　부적의 구분은 크게 형태와 내용으로 나누어볼 수 있다. 이 중 형태는 다시 그림으로 된 것과 문자로 된 것, 그리고 그림과 문자가 혼재된 것 세 가지로 구분된다. 그리고 내용 역시 길상과 벽사로 세분화하는 것이 가능하다.

```
                      ┌─ 그림
          ┌─ 형태 ────┼─ 글씨
부적 ─────┤          └─ 그림+글씨
          └─ 내용 ────┬─ 길상
                      └─ 벽사
```

다양한 그림부적, 〈삼두일족응부〉

부적의 가장 원시적인 형태는 그림이다. 이 중 오늘날에도 사용되는 가장 대표적인 부적으로 〈삼두일족응부三頭一足鷹符〉를 들수 있다. 〈삼두일족응부〉는 머리가 셋이고 다리가 하나인 매 부적으로, 삼재를 소멸하는 '삼재부'에 해당한다.

삼재(화재火災, 수재水災, 풍재風災를 일컫는 말)란, 불교에서 말하는모든 인간에 존재하는 12년 주기 중 운이 쇠하는 3년을 말한다. 이3년을 다시금 세분화해서, '들삼재(들어오는 삼재) → 눌삼재(눌러앉은삼재) → 날삼재(나가는 삼재)'라고 한다.

원래 삼재는 우주의 순환론에서 우주가 사라질 때 수(물)·화(불)·풍(바람)에 의한 파괴 행위를 나타내는 것으로, 이를 '대삼

| 삼재 소멸 부적에 자주 등장
하는 머리 셋에 다리 하나인
'삼두일족응'

재'라고 한다. 이러한 삼재를 국가에 대입하면, '소삼재'인 전쟁·
기근·질병이 된다. 이 삼재가 인간에게도 있어 12년 주기로 3년
씩 드는 것이다. 즉 자·축·인·묘·진·사·오·미·신·유·술·해
의 12간지에 따른 12년을, '자·축·인 – 봄 → 묘·진·사 – 여름 →
오·미·신 – 가을 → 유·술·해 – 겨울'로 봐서 겨울에 해당하는 3
년을 삼재로 규정하는 것이다. 즉 삼재는 인간의 운이 쇠하는 때를
의미한다.

흥미로운 점은 인(범)·오(말)·술(개), 해(돼지)·묘(토끼)·미(양),
신(원숭이)·자(쥐)·진(용), 사(뱀)·유(닭)·축(소)이 각각 셋씩 네 팀을
이루어 삼재에 든다는 점이다. 이렇게 같은 팀이 구성되는 것은 기
질이 통하기 때문이다. 그래서 같은 팀을 소위 삼합三合 즉 잘 합치
하는 셋이라고 한다.

또 이 삼합의 띠를 나이로 환산하면, 4살씩 차이가 나는 것을
알 수 있다. 이 때문에 생긴 말이 "4살 차이는 궁합도 안 본다."는
것이다. 즉 같은 기질이기 때문에 궁합도 볼 필요가 없다는 말이다.

그러나 팀이 존재한다는 것은 팀별로 안 맞는 충돌 구조도 존
재한다는 것을 의미한다. 이러한 충돌구조는 다음 그림과 같다. 즉
같은 팀끼리 있으면 삼합이고, 팀의 좌우에 있으면 팀합이다. 그리
고 반대편에 있으면 팀의 상충인 것이다.

삼재를 극복하는 것이 '삼재부'인데, 이 중 〈삼두일족응부〉는
매의 세 머리를 통해서 삼재의 각각에 대응하도록 하고 있다. 실제

| 12지의 삼합과 오행의 배치

로 매의 세 머리는 각기 다른 방향을 보고 있는데, 일종의 전방위적인 경계 태세인 셈이다. 즉 맹금류인 매의 눈으로 봄으로써 삼재 때도 문제가 없도록 전체를 수호한다는 의미다.

〈삼두일족응부〉는 삼재라는 문제에 대한 해법이라는 점에서, 그 기원이 불교의 동아시아 전래(A.D. 67) 이전으로 거슬러 올라가지는 못한다. 그러나 형태가 단순하다는 점에서, 이는 원시성을 잘 유지하는 부적이라고 하겠다.

그림부적이라고 해서 모두 〈삼두일족응부〉처럼 원시적인 것만 있는 것은 아니다. 〈오악진형도부五嶽眞形圖符〉는 추상 작업을 거친 것으로 판단되기 때문이다. 회화에서 추상화는 단순 묘사나 사실 묘사보다 시기적으로 뒤에 등장한다. 이런 점에서 본다면, 그림으로만 이루어진 부적이라도 성립에는 상당한 시차가 존재한다는

| 〈오악진형도부〉는 중국의 오악(동-태산, 남-형산, 서-화산, 북-항산, 중앙-숭산)을 상징하는 그림이다.

것을 알 수 있다.

물론 도교의 전승에 의하면 천지가 개벽한 후에 태상노군이 하늘에서 내려다보고 그 기운을 그린 것이 〈오악진형도〉나 〈팔회지서八會之書〉라고 한다. 그러나 불신의 시대를 살아가는 우리가 이를 그대로 믿기에는 무리가 있다. 참고로 〈오악진형도〉를 부적처럼 가지고 다니는 것을 〈오악진형도부〉라고 한다.

〈오악진형도부〉는 중국의 오악 즉 '동 - 태산, 남 - 형산, 서 - 화산, 북 - 항산, 중앙 - 숭산'의 본질을 표현하는 다섯 장의 그림이다. 이 〈오악진형도부〉를 지니고 있으면, 중국 최고의 산 혹은 산신의 권위가 부여되기 때문에 산을 다닐 때 장애가 없다고 한다. 예전에는 산에 서식하는 맹수나 원시림에 따른 위험성이 컸기 때문에 이와 같은 부적을 만들었다.

『포박자』「내편」이나 천태지자(天台智者, 538~597) 대사의 『마하지관摩訶止觀』 등을 보면, 예전에는 산에 이매魑魅·망량魍魎 등의 정령이 다수 살았다고 묘사되어 있다. 이 때문에 이러한 요괴(?) 등을 물리치기 위해서는 이와 같은 부적이 필요했을 것이다.

오악 중 최고인 태산의 신을 상징하는 태산부군泰山府君(혹 동악대제)의 〈입산부〉(275쪽 참고)를 보면, 길을 잃지 않고 장애가 없기를 기원하는, 상부의 구불구불함을 대체하는 하부의 직선형이 대조를 이루고 있는 모습을 확인할 수 있다. 즉 이 부적의 염원이 어디에 있는지를 판단해볼 수가 있는 것이다.

불교에서도 당나라 중기부터 도상과 종교의식(작법)을 중시해

| 태산에 건립되어 있는 〈오악진형도〉 비석

온 밀교가 번성하면서 다양한 모습의 신성한 그림들이 대두하게
된다. 가장 대표적인 것으로는 앞서도 언급한 〈불정심다라니〉를
보주 형태로 도상화한 것이다. 즉 진언이 그림으로 변모한 경우다.

〈불정심다라니〉는 『불정심관세음보살모다라니경佛頂心觀世音
菩薩姥陀羅尼經』에 등장하는 진언으로, 관세음보살이 설한 가장 강
력한 진언 중 하나다. 실제로 예전에 사찰에서는 〈불정심다라니〉
를 〈수능엄신주〉, 〈정본관자재보살여의륜주〉, 〈불설소재길상다
라니〉와 함께 「4대주四大呪」라고 해서 조석 예불 직후에 독송하곤

| 오대산 중대 적멸보궁의 사리탑 비석(아래)과 앞
뒷면 탁본(위)

부적의 비밀

했다. 그런데 이 중 〈불정심다라니〉를 형상화한 그림이 불보살의 복장물 등에서 많이 나타나고 있다. 이는 또 오대산 중대의 적멸보궁이나 대구의 비슬산 대견사, 광주시립민속박물관 등의 유적에서도 돌에 부조한 그림으로 살펴지고 있어 주목된다.

문자부적

부적이 문자만으로도 이루어질 수 있는 것은 한자가 상형문자에서 발전한 것으로 그림과 완전히 분리되지 않았다는 점, 또 과거에는 문맹률이 높았기에 문자만 조금 알아도 식자층인 양 행세할 수 있었기 때문이다. 즉 문자에 권위가 부여되던 시절인 것이다. 여기에 오늘날도 교통표지판 등을 보면, 그림으로 된 것도 있지만 문자로 되어 있는 것도 있다는 점에 주목할 필요가 있다.

문자부적은 앞서 살펴보았듯이 문에 용과 호랑이를 뜻하는 한자를 붙이는 것이나, 허목의 〈척주동해비〉 같은 것들이 있다. 그러나 문자부적은 우리나라보다는 중국에서 더 두드러진 모습을 보인다. 중국에서 가장 많이 사용하는 것으로는 '재물을 부르고 보물로 나아간다'는 뜻의 '초재진보招財進寶'로, 대개는 네 글자가 하나로 도안되어 사용되곤 한다.

이외에도 '복福' 자를 거꾸로 붙여서 집 안으로 복이 들어오는 것과 같은 모습을 상징하는 것도 중국에서 쉽게 볼 수 있는 부분이다. 우리 전통에서는 복을 발음이 같은 박쥐(박쥐 복蝠)로 이해해 날개를 펼친 박쥐무늬를 사용하고는 했다. 날아다니는 박쥐는 복이 날아 들어온다는 상징으로, 이를 '편복문蝙蝠紋'이라고도 한다.

때론 박쥐를 쌍으로 도안하기도 하는데, 이런 경우는 쌍복이 된다. 또 다섯 마리가 도안되면 수壽·부富·강녕康寧·유호덕攸好德·고종명考終命, 오복을 상징한다. 오복은 『서경』 「홍범洪範」편에 나오는 것으로, 치아가 오복 중 하나라는 것은 밑도 끝도 없는 낭설이다.

중국에서도 편복문은 확인된다. 그런데 중국인들은 박쥐무늬 보다는 빨간색이나 금색의 복이라는 글자를 문에 거꾸로 붙이는 것을 더 선호한다. 여기서 빨간색은 벽사를, 금색은 존귀함을 상징

| 초재진보招財進寶

| 목침에 새겨진 두 마리
박쥐무늬

| 박쥐무늬가 있는
〈백자 청화 박쥐무늬 대접〉

한다. 그러나 우리나라에서는 이렇게 '복' 자를 붙이는 풍습이 보편
화되지는 않았다. 즉 복을 받고 싶은 문화적인 공감대가 존재함에
도 불구하고, 복을 받고자 하는 방식에는 차이가 있는 것이다.

우리 전통에서는 '복福' 자를 '수壽' 자와 더불어 도안하는 모습

박쥐무늬가 그려진 남아용 전포
박쥐무늬가 있는 판
세종대왕 영릉의 박쥐무늬 수막새
경복궁 자경전에 있는 박쥐무늬

| 〈백수백복도〉 병풍

이 쉽게 살펴진다. 즉 '복' 자를 문에 붙이는 데만 사용한 것이 아니다. '복' 자와 관련해서는, '복' 자를 100가지의 모양과 서체로 쓰는 〈백복도百福圖〉가 존재한다.

복福과 수壽는 오복에서도 첫째와 둘째가 되며, 일반적으로 복수福壽라는 관점에서 이해된다. 그러므로 〈백복도〉 외에 〈백수도百壽圖〉가 존재하는 것은 당연하다. 글자가 50가지면 당연히 〈오십복도〉와 〈오십수도〉가 된다. 이는 주로 양반가에서 다복과 장수를 기원하는 방식이었는데, 디자인이나 미적으로도 훌륭해서 현대적인 관점에서도 능히 주목할 만하다.

또 예전에는 눈병이 생기면 발바닥에 먹물로 '천평지평天平地平'이라는 글씨를 썼더랬다. '천평지평'은 천지가 평평하다는 의미로,

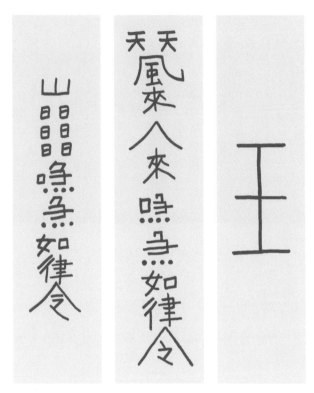

| 왼쪽부터 〈담대부〉, 〈사업번창부〉, 〈결승부〉

천지의 권위를 빌려 안질을 치유하고자 하는 바람이다.

　이외에도 승리를 기원하는 〈결승부決勝符(재판 등에서 승리하는 부적)〉에서 '임금 왕王' 자를 쓰는 것이나, 시험 〈합격부〉에 '날 일日' 자를 쓰는 것 등도 있다. 그리고 대담성을 키워주는 〈담대부膽大符〉에 산山과 일日(태양) 여섯 자를 쓰는 것이나, 〈사업번창부〉에 하늘의 수호를 나타내는 천天 자 두 자와 그 아래로 '풍래인래風來人來' 즉 "바람이 오듯 사람이 온다."를 쓰는 것 등도 확인해볼 수 있다. 중국 부적에는 이러한 글씨로만 이루어진, 어떤 의미에서는 조금 유치한 듯싶은 부적들이 상당수 존재한다.

그림과 글자가 결합된 부적

부적은 그림이나 문자로만 된 것보다는 두 가지가 섞여 있는 것이 일반적이다. 언뜻 보기에는 그림으로만 되어 있는 것 같지만, 조금만 눈여겨보면 그 안에 글씨가 그림으로 변형되어 있는 것을 알 수 있다. 이런 점에서 그림으로 출발한 부적이 글씨와 결합되면서 보다 높은 완성도를 확보했음을 알 수 있다.

물론 여기에는 '칙령勅令'이나 '급급여율령急急如律令' 또는 '옴唵'이나 '옴칙唵勅' 및 '강罡'이나 '사바하娑婆訶' 등의 글자가 첨가된 경우도 존재한다(이런 글자들은 뒤에 나오는 부적에서 반복적으로 등장한다). 그러나 이는 부적 자체라기보다는 부적에 부가되는 제왕帝王이나 불교의 권위를 빌린 명령어라는 점에서, 그림과 결합된 글자로 보기에는 무리가 있다. 즉 이는 부적 자체에 포함된다기보다는 부적에 부가된 글자로 이해하는 것이 더 타당하다는 말이다.

때로 그림부적을 보면, 이 도안이 무엇을 상징하는지가 읽히

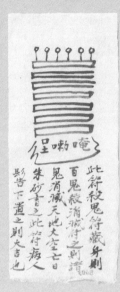

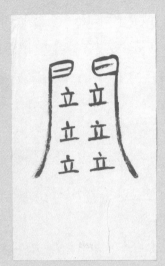

| 국립민속박물관에 소장 중인 다양한 부적들

는 경우가 있다. 이는 부적에 이미 사용 중인 길상 도안이 첨가되기 때문이다. 또 특정한 이미지를 상징화한 것으로 추정되는 경우도 존재한다. 즉 창의적인 부적이 생각처럼 많지 않은 것이다. 실제로 부적들을 보면 특정 패턴이 반복되는 것을 확인할 수 있다. 이렇게 놓고 본다면, 예나 지금이나 창의적인 접근은 여간 어려운 게 아닌 것 같다.

그러나 개중에는 부적의 그림이 무엇을 나타내는지 도통 알 수 없을 때도 있다. 이런 부적은 대부분 수련하거나 신기 있는 분들이 영감을 얻어 즉흥적으로 그려낸 경우가 대부분이다. 마치 시인이나 작곡가가 불현듯 영감을 얻어 시나 노래를 만들 듯, 수련자나 무당 역시 특정 상태에서 눈앞에 도형이 보이거나 손이 저절로 움직이면서 그림을 그리는 경우가 존재하는 것이다. 부적을 보고도 전혀 상징을 추론하기 어려운 것은 바로 이런 부적이 답습되는 상황이라고 하겠다.

즉 그림부적에는 〈삼두일족응부〉와 같은 '형태의 묘사와 변용'과 관물취상觀物取象이라는 '형상에 대한 상징적인 재해석' 그리고 〈오악진형도부〉와 같은 '추상성'과 마지막으로 '수련자나 무당에 의한 영적 작용'의 총 네 가지 표현 방식이 존재한다고 하겠다.

IV

다양한
부적 문화

좋은 운을 부르는 길상 부적

옥추령부

『옥추(보)경』 속 최고의 신령한 부적

〈옥추령부玉樞靈符〉는 『옥추(보)경』에 나오는 대표적인 부적으로, 위쪽에는 특
징적인 그림과 윗점이 없는 '귀신 귀鬼' 자 두 자가 변형되어 있고, 그 아래에는
안에 '임금 왕王' 자 두 자가 확인된다. 또 하단에는 평平·정正·대大의 글자가
결합된 구조가 목도되는데, 모든 일이 성취되기를 기원하는 의미의 부적이다.

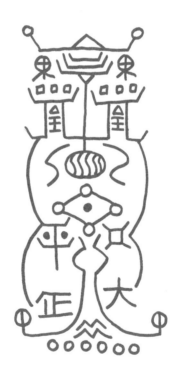

적갑부

적갑부는 여러 가지 부적이 결합된 융·복합적인 부적으로, 부적 중에서 가장 복잡한 모습을 보인다. 가장 많이 눈에 띄는 것은 '귀신 귀鬼' 자에서 윗점이 탈락된 글자로, 이는 위해를 끼치지 못하는 귀신을 상징한다. 사실상 부적 그림에 가장 많이 변형되어 나오는 글자다.

소원성취부

모든 소원을 성취하는 부적

방형으로 된 결계를 구성하는 부적이다.

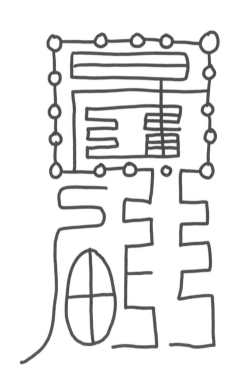

소원성취부

모든 소원을 성취하는 부적

사선을 겹쳐 금지를 강조하여 삿된 것이 범접하지 못하도록 하는 부적이다.
맨 아래에는 윗점이 없는 '귀신 귀' 자가 목도된다.

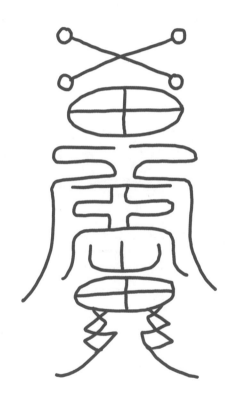

만사대길부

맨 위에 불교의 진언 중 가장 많이 등장하는 우주의 시작과 깨침을 상징하는
옴唵 자와, 중국 황제의 칙령을 통해 권위를 나타내는 칙勅 자의 변형된 글자가
확인된다. 이는 길상과 일이 빠르게 처리되도록 하는 상징적인 표현이다. '옴
칙'은 다수의 부적에서 살펴지는 상투적인 측면 중 하나다.

중간의 그림 부분에는 소용돌이 문양이 있는데, 이는 모든 일이 술술 잘 풀린
다는 의미다. 맨 아래의 그림은 뜻대로 펼쳐지는 것을 상징하는 것으로 추정
되는데, 우측 하단에 '귀신 귀' 자의 변형된 글자가 보인다.

만사대길부

모든 일이 뜻대로 이루어지는 부적

위쪽에 길상과 뜻대로 자재로운 모습을 상징하는 고사리 문양의 변형된 그림이 배치되어 있다. 그 아래의 집 안에는 윗점이 없는 '귀신 귀' 자를 사용하여, 삿됨이 작용하지 못하게 하는 양상을 살펴볼 수 있다.

가정화합부

가족 구성원의 화목을 기원하는 부적

먼저 왕王·일日·인人·수水·목目의 글자가 살펴지는데, 왕과 일은 권위와 광명의 밝음을 의미하며, 인은 많은 사람 즉 가족 구성원을 나타낸다. 수는 물이 흘러가는 것처럼 순리대로 이루어지기를 기원하는 의미이며, 목은 이를 주시한다는 정도로 이해될 수 있다. 즉 모든 구성원이 가부장의 통솔 속에서 사심 없이 밝고 순리대로 살기를 기원한다고 하겠다.

왕과 일은 '귀신 귀' 자 다음으로 부적에 가장 많이 나오는 글자다. 이는 왕조국가에서 절대적인 군주권과 음습하고 삿된 것을 혁파하는 태양의 밝은 기운을 통해 모든 문제가 잘 해결되기를 기원하는 것이라고 이해하면 되겠다.

금은자래부

재물을 부르는 부적

동전을 상징하는 듯한 동그란 모습이 '날 일日' 자 두 개와 함께 배치되어 있어,
밝게 재산이 불어나는 것을 상징하는 것으로 이해된다. 부적의 아래쪽 기호는
길상무늬와 같은 요철 형태로 되어 있는데, 정확한 의미는 불분명하다.

초재부

재산이 늘어나는 부적

맨 위의 한자는 인도와 불교의 진언에서 가장 신성한 글자인 '옴唵' 자를 한자로 쓴 것이다. 그 아래쪽에는 거대한 '밭 전田' 자와 '입 구口' 자 세 개를 통해서 대규모의 경작을 상징하고 있다.

그리고 맨 아래에는 금강저 도안이 확인된다. 금강저는 인도의 하느님인 제석천이 벼락을 치는 무기다. 그리스·로마신화 속의 제우스가 벼락을 소환하는 무기인 아스트라페 정도를 생각하면 되겠다. 즉 맨 위의 옴 자와 아래의 금강저를 통해서 불교적인 강력함으로 일체의 삿됨을 막고, 농사의 흥성으로 재물을 성취하려는 정도로 이해하면 되겠다.

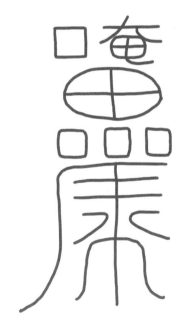

북두자광부

모든 바람이 이루어지기를 기원하는 도교적 부적

위쪽에 부적에서 흔히 발견되는 '칙령勅令'이라는 글자가 적혀 있다. 그리고 그 아래로 커다란 '하늘 천天' 자 속에 '북두자광부인부재차자금부인재차北斗紫光夫人夫在此紫金夫人在此' 즉 '북두인 북두칠성과 자광, 자금으로 상징되는 두 부인이 이곳에 있다.'는 내용이 적혀 있다. 이는 북두칠성과 북극성의 권위를 빌려 모든 바람이 이루어지기를 기원하는 도교적인 부적이다.

북극성 즉 자미대제가 아닌 북두칠성과 자광부인, 자금부인이 등장하는 이유는 부적과 같은 민간신앙적인 요소에 가부장적인 남성적 요소보다는 여성적인 측면이 크게 작용하기 때문이다.

태세부

모든 길함이 가득하기를 기원하는 부적

한 해가 길함만 가득하고 모든 삿됨이 다가오지 못하도록 하는 부적이다. 전체적으로는 도교의 별 숭배의 색이 강한데, 별의 수호를 받아 재물이 늘어나고 광명이 가득하기를 기원하고 있다.

부적은 크게 세 줄로 되어 있는 것을 알 수 있는데, 좌측에는 달과 북두칠성을 변화시켜 배치했다. 그리고 그 아래로 '북두성군'인 북두칠성과 '태음낭랑太陰娘娘'이라고 하여 달의 명칭을 적었다. 다시금 아래로는 '육정천병六丁天兵'과 '초재진보招財進寶' 그리고 '합가평안合家平安'이라고 적혀 있다.

육정천병은 육십갑자 중 정丁 자가 들어가는 여섯 가지인 정축丁丑·정묘丁卯·정사丁巳·정미丁未·정유丁酉·정해丁亥로, 정은 불을 의미한다. 즉 양명한 불기운이 가득한 천신 혹은 하늘 군사를 가리킨다. 초재진보는 재화를 초래하고 보물로 나아간다는 뜻이며, 마지막 합가평안은 집안이 화합하여 평안하기를 기원하는 바람이다.

가운뎃줄은 중국 부적의 시작에서 흔히 목도되는 삼점의 아래로, 불교식의 영향에 따른 '옴' 자와 '불' 자가 보인다. 그리고 칙령이 있고 그 아래에는 그해의 간지를 쓰도록 되어 있으며, '광성군廣星君' 즉 뭇별의 기운이 이 부적에 머물러 삿된 기운을 제압해달라고 하고 있다. 가운뎃줄의 말미에는 벼락 및 금강저를 상징하는 중국불교에서 흔히 보이는 종결적인 문양이 그려져 있다.

그리고 가운뎃줄의 좌우 양옆에는 북두칠성을 변형시켜 벼락과 결합한 모습이, 벼락이 치는 듯한 형태로 배치되어 있는 모습이다.

우측 줄에는 태양과 남두육성을 변형시킨 별자리를 배치했다. 북반구에서 북극성과 북두칠성이 방위 판단의 기준이 되는 것처럼, 남반구에서는 남극성과 남두육성이 그 기준이 된다는 점에서 남두육성은 북두칠성에 상응한다. 그 아래에는 '남두성군南斗星君'인 남두육성과 태양성군인 태양의 명칭이 적혀 있다. 또 '육갑신장六甲神將'과 '천관사복天官賜福' 그리고 '진택광명鎭宅光明'이라는 글이 적혀 있는 것이 보인다. 육갑신장은 육십갑자를 수호자로 의인화하는 도교

식 표현이며, 천관사복은 으뜸되는 하늘이 복을 내려준다는 의미다. 그리고
진택광명은 집안의 기운이 가지런하여 광명이 가득하기를 기원하는 뜻이다.
전체적으로 도교의 별 숭배에 입각해, 1년의 가호와 길함의 증장을 기원하고
있다. 또 '옴' 자와 '불' 자가 포함된 것을 통해서, 불교적인 영향도 일부 존재함
을 알 수 있다.

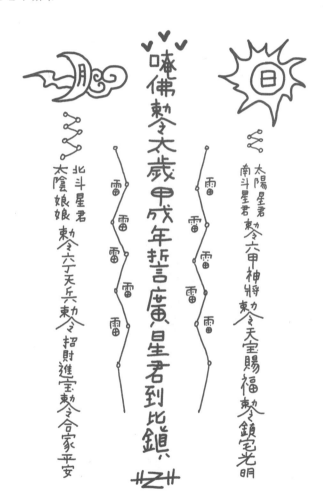

옴마니발묘부

불교에서 여의주와 유사한 마니보주를 통해서 온갖 신묘함이 발현되는 부적이다. 불교의 영향을 받은 부적답게 맨 위에 '옴' 자와 '불' 자가 쓰여 있고, 그 아래에는 '우레 뢰畱' 자를 변형시켜 다섯 번 적고 있다. 그리고 마지막에 '말 오午' 자와 '또 우又' 자가 배치된 것이 확인된다.

오午는 정오 즉 남쪽의 양기가 충만하다는 의미이며, 우又는 벼락이 계속된다는 뜻이다. 즉 벼락과 밝음이 가득하다는 정도로 해석될 수 있다. 그러므로 이 부적은 불교의 영향이 존재하는 도교의 벼락 부적이라고 이해하면 되겠다.

선신수호부

선한 신이 수호해주는 부적

강력한 수호신의 보호를 기원하는 것으로, 이는 전 세계 모든 문화권에서 나타나는 공통된 양상 중 하나다. '큰 대大' 자와 '임금 왕王' 자가 확인되므로 강한 권위를 기원하는 것임을 짐작해볼 수 있다.

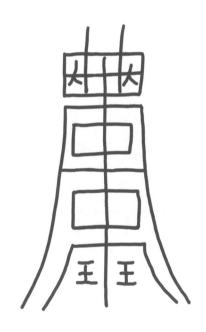

통선부

부적은 불교보다는 동아시아의 도교 및 무속과 관련 있으며, 도교와 무속은 산둥반도와 우리나라에 걸쳐 있는 신선사상과도 연결된다. 그러므로 부적에 는 어느 정도 신선사상이 반영되어 있는데, 이러한 결과 중 하나가 신선과 연 결되는 부적인 〈통선부〉다. 〈통선부〉는 신선의 가호가 필요하거나 신선이 되 려는 수도자를 위한 부적이다.

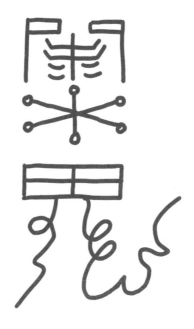

나쁜 기운을 물리치는 벽사 부적

제살부
모든 나쁜 살을 제거하는 부적

살煞이란 해친다는 의미로, 나쁜 기운이 뭉쳐서 작동하는 것을 말한다. 일반적으로 역마살이나 망신살의 살 표현은 지금도 널리 사용되는 단어다.

살은 태생적으로 타고난 것과 외부적인 기운에 의한 충돌 과정에서 생겨난 것두 가지가 있다. 도화살이나 홍염살 등은 타고나는 살이며, 원진살이나 상충살 등은 외부적인 기운이나 사람과의 불협화음에 의해서 생겨난 살이다.

〈제살부〉는 이와 같은 모든 나쁜 살을 막는 부적이다. 이 부적의 형태로는 뚜렷한 내용이나 상징을 파악하기가 쉽지 않으나, 여러 장애를 극복하는 모양을 띠고 있다는 점 정도는 인지해볼 수 있다.

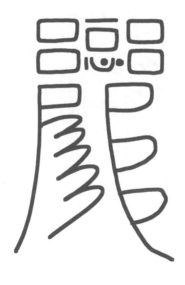

관재구설소멸부

위력이나 말에 의한 재앙을 소멸하는 부적

관재는 정부와 관련된 문제를 의미한다. 예전에는 지금과 달리 공권력이 압도적인 위상을 차지하고 있었고 또 침해 요소도 컸다. 그러므로 관재가 중요하게 대두했다. 그러나 요즘에는 관재보다는 나보다 강한 권력이 문제가 된다. 그러므로 현대적으로 해석하면 외부적인 위력과 관련된 모든 문제를 소멸시키는 부적이라고 이해해도 되겠다.

구설이란 말을 통해서 발생하는 문제로, 말에 의한 재앙이 얼마나 엄중한지는 불교의 열 가지 악함(십악) 중에서 말과 관련된 것이 네 가지나 된다는 점을 통해서도 분명해진다. 여기에는 거짓말(망어妄語), 교묘하게 꾸미는 말(기어綺語), 이간질하는 말(양설兩舌), 험악한 말과 욕(악구惡口)이 해당된다.

귀신불침부

귀신이 침노하지 못하게 방어하는 부적

상단 중앙의 태양을 상징하는 '날 일日' 자를 중심으로 빛(광光)이 뻗어나가면서 귀신이 범접하지 못하게 하는 부적이다. 아랫부분은 집 안에 윗점이 탈락된 '귀신 귀鬼' 자를 넣은 형태다. 즉 귀신이 제 역할을 하지 못하게 광명을 비추는 것이 이 부적이 내포하고 있는 상징이라고 하겠다.

귀신불침부

부적의 상단에는 '날 일^日' 자를 중심으로 빛이 뻗어나가는 것을 상징하는 글자 배치가 좌우로 존재하는 것이 살펴진다. 전체적으로 밝음의 강렬함을 통해서, 귀신이 범접하지 못하도록 하고 있다.

앞서 소개한 부적과 같은 내용에서 형태가 변화되고, 글자가 보강된 정도라고 이해하면 되겠다.

태을부

모든 삿된 기운과 귀신이 범접하지 못하도록 하는 부적

모든 삿된 기운과 귀신이 범접하지 못하도록 하는 부적이다. 태을이란, 혼돈에서 발생하는 태초의 원기와 같은 궁극적인 에너지로 '태일太一'이라고도 한다. 이 그림이 어떻게 태을이라는 최초의 기운을 상징하는 것인지는 판단하기가 쉽지 않다.

옥추삼재부

『옥추(보)경』에 수록된 삼재 소멸 부적

이 부적은 『옥추(보)경』의 제2「소구령장召九靈章」에 수록되어 있는 부적이다. 전체를 감싸는 거대한 '큰 대大' 자 안에 보주와 별의 기운을 통해서, 각각의 삼재 셋이 사라지는 모습을 유령처럼 형상화해놓고 있다. 또 맨 아래에는 막대와 같은 구조 셋을 통해 삼재를 각각 막는다는 상징을 표현한 것이 확인된다.

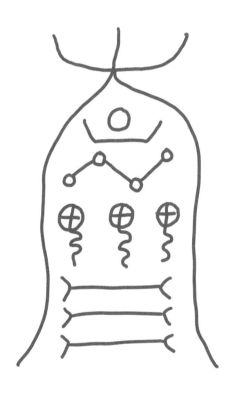

제흉액부

모든 흉액을 소멸하는 부적

나쁜 것을 막는 '우물 정#' 자 모양의 방어막, 그리고 별 모양의 빛과 중앙에 외부의 삿된 기운을 방어하는 상징으로서 부적을 가진 사람을 배치한 간단한 부적이다. 아래의 '급급여율령'은 빠르고 분명하게 기원이 이루어지라는 군주의 위신력을 빌린 명령어다.

제요멸사좌마부

요괴와 삿된 마귀를 소멸하는 부적

이 부적은 『옥추(보)경』의 제9 「벌묘견수장伐廟遣祟章」에 수록되어 있는 부적이다. 도교와 동아시아 민간신앙에서는 모든 오래된 동물이나 식물 또는 사물도 요괴와 정령이 된다고 믿었다. 예컨대 산신이나 목신(나무신) 등을 떠올려보면 되겠다. 이런 요괴와 마귀 등을 제압하는 것이 이 부적이다. 그러나 도상이 특정한 형태나 패턴을 보이지 않기 때문에 상징 파악과 분석이 쉽지 않다.

요괴퇴치부

요괴로부터 보호하는 부적

동아시아의 전통 관념에 따르면, 오래되어 기운이 뭉치면 생물과 무생물을 가리지 않고 사람 형태의 정령이나 요괴가 생긴다고 믿었다. 이러한 믿음으로 인해 오래전부터 요괴를 물리치는 부적이 존재해왔다.

질병을 치료하는 부적

의료가 발달하지 못했던 과거에는 질병에 대한 걱정이 오늘날보다 훨씬 크고 이해할 수 없었다. 오늘날에도 치료하기 어려운 난치병은 합리적인 사람마저 이성을 마비시켜 주술적인 측면에 쉽게 경도되도록 만든다. 그러므로 질병과 관련된 부적이 상당수를 차지하는 것은 어찌 보면 당연하다.

질병에 대한 부적은 오늘날의 관점에서 보면 허황하기 짝이 없다. 그러나 당시에는 질병도 귀신이나 삿된 기운이 침노한 결과로 이해했다는 점에 주의할 필요가 있다. 이런 점에서 질병을 치료하는 '치병부治病符'에는 지푸라기라도 잡고 싶은 심정이 각인되어 있다고 하겠다.

부적의 비밀

백병치료부

모든 종류의 병을 치료하는 부적

모든 병이 빨리 치료되기를 기원하는 부적으로, 맨 위에 '부처 불佛' 자가 첨가
된 것으로 보아 불교적으로 영향을 받았음을 확인할 수 있다.

질병소멸부

질병을 예방하고 퇴치하는 부적

맨 위에는 막는다는 의미를 나타내는 직선과 원형의 배치가 존재하고, 중간은
집이나 신체를 상징하는 것으로 보인다. 그리고 맨 아래에는 '죽을 사死' 자를
변형시켜 죽음이 눌려 있는 모습을 표현하고 있다. 즉 질병의 침입을 막고 죽
음을 억누르는 구조가 목도된다.

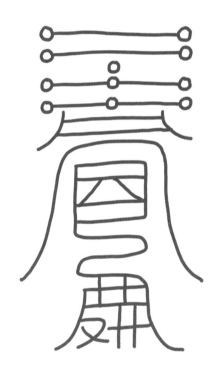

제병치료부

만병이 침입하지 못하도록 예방하는 부적

맨 위에는 수호를 의미하는 성벽 형태의 구조물이 존재하고, 중간에는 귀신이 빠져나가는 듯한 모습이 그려져 있다. 그리고 맨 아래에는 '귀신 귀 자' 세 자가 쓰여 있는 것이 확인된다.

오늘날 귀신과 병은 완전히 다른 것으로 이해하지만, 예전에는 이를 하나의 연결 구조로 이해했다. 이 때문에 '귀신 귀' 자가 질병을 치료하는 부적에 등장하는 것이다.

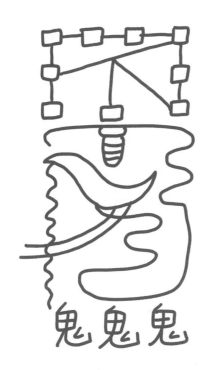

약왕부

염제 신농씨의 힘을 빌려 건강을 기원하는 도교 부적

부적의 맨 위에는 '받들 봉奉' 자와 삼점이 배치되어 있고, 그 아래로 '구천현녀九天玄女'와 '칙령勅令'이 살펴진다.

중국 고대 의서인 『황제내경黃帝內經』에 의하면, 구천현녀는 중국 민족의 시조인 황제黃帝 공손헌원公孫軒轅(혹 황제헌원씨黃帝軒轅氏)에게 병법을 전수해주는 선녀로 나타난다. 구천九天이란 양기가 충만한 최고의 하늘이라는 의미이며, 현녀玄女란 오묘한 여성 즉 선녀라는 뜻이다.

구천현녀 아래쪽에는 부적의 상투어 중 하나인 칙령이 쓰여 있고, 꼬불꼬불한 리본형의 결계 아래에는 '약왕신부도만병소제藥王神符到萬病消除'라고 적혀 있다. 여기서 약왕藥王은 약왕藥王과 같은 것으로, 약왕신은 중국 의학의 시조로 평가되는 『신농본초경神農本草經』의 주인공이기도 한 염제炎帝 신농씨神農氏를 가리킨다. 즉 〈약왕신부〉가 존재하게 되면 모든 병이 사라지게 된다는 뜻이다. 그리고 맨 마지막에는 종결 의미로서 천강성天罡星을 상징하는 '강罡' 자가 적혀 있다.

천강성은 북두칠성을 호위하는 36개의 별을 의미한다. 일종의 최강 친위대쯤으로 이해하면 되겠다. 『수호지』에는 양산박의 영웅 108명이 등장하는데, 이들을 가리켜 36천강성과 72지살성地煞星으로 표현하곤 한다. 천강성은 지살성보다 위계가 높으며, 『수호지』가 유행하기 전에도 천강성 신앙이 상당했다는 것을 알 수 있다.

강罡은 '강인罡印'으로 예전에는 군대의 이동을 나타내는 도장으로 사용되었다. 즉 강이란 엄격한 군율에 따라 즉시 발동한다는 의미다. 삼점과 강인을 맨 위와 아래에 배치하는 것은 중국 부적의 특징 중 하나다.

불면증치료부

불면증으로 고통받는 현대인들이 늘어나는 상황에서 필요한 부적이 아닌가
한다. 불면증을 치료하기 위한 방편으로 악몽을 퇴치함으로써 숙면을 취할 수
있도록 돕는 부적도 있다.

치통치료부

치통을 치료하는 부적

치위생과 치과가 발달하지 않은 과거에, 치통은 많은 사람을 고통으로 내모는 골치 아픈 질환이었다. 얼마나 문제가 심각했으면 '앓던 이가 빠진 것 같다.'라는 속담까지 생겨났을까! 부적으로 충치가 치료될 수는 없겠지만, 이 역시 당시의 고충을 알게 해준다는 점에서 가치가 있다.

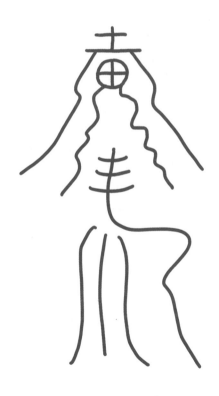

요통치료부

허리 통증이 나아지길 기원하는 부적

요통은 인류가 직립보행을 하면서부터 겪어온 고질적인 문제다. 또 농경사회
에서는 노동의 강도가 심했기 때문에 요통이 발생할 개연성도 훨씬 컸다. 이
런 점에서 요통을 치료하는 부적 역시 존재해왔다.

암치료부

암을 치료하는 부적

현대에 들어와 인간의 평균수명이 길어지면서 암 발병률 역시 크게 높아졌다.
그러나 평균수명이 짧았던 과거라고 해서 암이 존재하지 않았던 것은 아니다.
이런 점에서 부적에도 암과 관련된 치료부가 존재해왔다.

정신병치료부

현대의 복잡한 사회구조는 각종 정신질환을 증대시키고 있다. 그러나 과거에
도 여러 요인에 의해 정신병이 발생했으며, 특히 이로 인해 타인에 대한 피해
가 적지 않았다. 이런 점에서 정신병에 대한 치료 부적도 생겨났다.

이명치료부, 비문증치료부
귓병과 눈병을 치료하는 부적

이명耳鳴은 나이가 들어감에 따라 또는 외부 충격 등 스트레스로 인해 귀 내부에서 잔음이 들리는 증상이며, 비문증飛蚊症은 안구 노화로 인해 모기와 같은 잔상이 나타나는 증세다. 이런 질환은 과거에도 있었으므로 이를 해결하는 부적도 존재해왔다. 또 이들 부적은 이명과 비문증을 포함한 전반적인 귓병과 눈병에 대해 모두 적용되었다. 이는 과거에는 특정 질병으로 세분화하기보다는 포괄적으로 이해하는 것이 보편적인 사고였기 때문이다.

한열치료부
냉증과 열증을 치료하는 부적

몸이 춥고 떨리거나 열이 심하게 날 때 사용하는 부적이다. 오늘날에는 젊은 여성들의 수족냉증 질환이나 중년 여성들의 갱년기 질환 등에 사용할 수 있어 흥미롭다.

불치병치료부

불치병과 난치병을 치료하는 부적

불치병과 난치병이 부적으로 치료될 수 있다면 가히 세계적인 화젯거리가 될 것이다. 이 부적은 실제로 불치병과 난치병이 치료된다기보다는 병명조차 제대로 모르는 상황에서, 부적에 의지할 수밖에 없었던 과거의 현실을 말해주는 것이라고 하겠다.

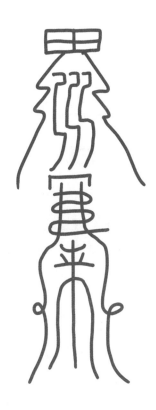

금주부

술을 탐내는 병을 치료하는 부적

동아시아는 술에 관용적인 문화적 배경을 가지고 있다. 다만 불교가 성행하던 시대에는 술 대신 차가 유행해 제례에도 차가 사용되는 차례(다례)가 형성되었고, 이로 인해 다방이 유행하게 된다. 그러다가 유교가 주도하는 근세에 오면, 차 문화는 급속히 술 문화로 변모하게 된다.

술은 이성을 마비시켜 다른 문제를 촉발하며, 곡물을 많이 소모해서 재화의 낭비를 초래한다. 이로 인해 금주의 문제가 대두하는 것은 당연하다. 특히 술에는 중독성이 있기 때문에 개인의 의지만으로 성공하기는 쉽지 않다. 그러므로 〈금주부〉가 존재하는 것이다.

멀미부

운송 수단을 탔을 때 발생하는 멀미를 막아주는 부적

과거에는 길이 좋지 않았기 때문에 가마나 말을 타면 흔들림이 심해서 멀미를 하는 빈도가 지금보다 훨씬 높았다. 또 가마는 사람이 들게 되는데, 사람은 이족보행을 하기 때문에 중심의 흔들림이 사족보행 동물에 비해 훨씬 심하다. 더구나 일종의 오픈카인 남성들의 남여藍輿와 달리, 사방이 밀폐된 여성의 가마는 외부 차단으로 인해 멀미가 극심했다. 해서 가마 안에 요강이 비치되는 것은 화장실 문제도 있지만, 멀미에 대응하기 위한 측면이기도 했다. 오늘날 생각과 달리 가마 멀미가 심각하다 보니 이런 부적도 생겨나는 것이다. 일명 '멀미약 부적'이라고 이해하면 되겠다.

중요한 순간에 필요한 부적

합격부

시험에서 합격을 기원하는 부적

〈합격부〉는 '날 일日' 자가 동서남북 사방으로 배치된 단순한 구조로 되어 있다. 이는 광명을 통해서 모든 삿된 기운이 범접하지 못하고, 기원자의 역량을 두루 널리 떨치라는 의미다. 부적에 따라서는 '날 일' 자를 전면에 빼곡히 나열하는 경우도 있다.

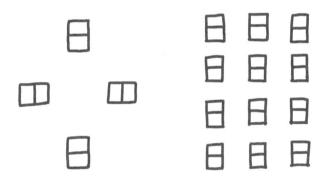

합격부

시험에서 합격을 기원하는 부적

맨 위의 '날 일日' 자 세 개는 광명을 통한 밝은 기운의 성취를 나타낸다. 그리고 집(호戶) 안에 윗점 없는 '귀신 귀' 자를 넣어 삿된 귀신이 범접하지 못함을 상징하고 있다. 그 아래의 '입 구口' 자 셋은 성공을 통한 칭송, 또는 명망이 널리 퍼지는 것을 의미한다. 맨 아래쪽의 '급급여율령'은 속히 시행되라는 국가적인 권위를 빌리는 명령어다.

승소부

재판과 소송에서 승리하는 부적

맨 위에는 가로로 긴 직사각형 모양이 배치되어 있는데, 이는 '막는다', '수호한다'는 의미로 이해된다. 다음으로 '날 일' 자 두 개로 밝음을 상징하고 있으며, 그 아래에 윗점이 탈락된 '귀신 귀' 자가 배치되어 있다. 즉 태양의 밝음이 귀신을 물리치는 모습을 상징한다고 하겠다.

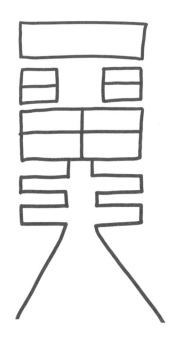

매매부

매매에서 모든 일이 뜻대로 이뤄지길 기원하는 부적이다. 그래서 〈만사자이부萬事自移符〉라고도 한다. 인도 문자인 범어가 변형된 듯한 모습이 일부 확인되기도 하는데, 정확한 판단은 불가능한 글자 형태를 띤 그림형 부적이다.

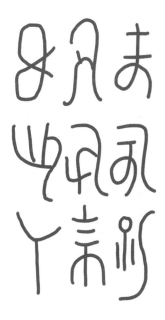

학업진취부

정신이 맑아지고 머리가 총명해지는 부적

이 부적은 연태硯台 즉 벼루의 기운을 상징한 부적이다. 벼루는 종이, 붓, 먹과 함께 일컬어지는 문방사우 중 으뜸이다. 그러므로 학문의 도약 및 성취와 관련해서 벼루의 상징을 차용하는 것이다.

전체적으로 벼루와 같은 생김새에 위쪽에 '날 일日' 자 두 개를 배치해 밝은 광영이 널리 비추기를 기원하고 있다. 맨 위의 칙령은 군주의 권위를 빌리는 것으로, 어김없이 이루어지리라는 기원의 의미다. 머리가 맑아지고 총명해지는 부적이라고도 하는데, 학업 성취와 연관된 측면으로 이해될 수 있다.

두 개의 '날 일' 자 아래로는 순탄하게 발전하고 승진하는 듯한 모습의 형태다. 즉 전체적으로 발전을 기원하는 부적임을 판단해볼 수 있다.

대초관직부

공무원 및 직장에 취업하는 부적

부적의 우측 상단을 보면 세존世尊 즉 부처님이라고 쓰여 있고, 아래에는 고사리 문양(궐수문蕨手紋) 같은 형태로 일이 잘 풀리는 것을 나타내고 있다. 좌측은 진취적인 승진을 상징하는 정도로 판단된다.

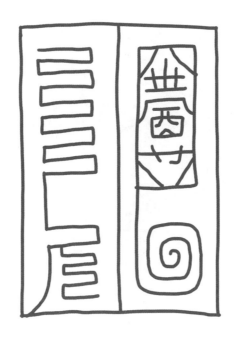

안정공부부

산만함이 안정되어 공부를 이룰 수 있는 부적

부적의 맨 위에는 삼점과 칙령이 배치되어 있다. 그리고 '광명光明'과 '정심定心' 즉 마음의 안정을 기원하며, 그 아래로 '불佛' 자를 적고 있다. 즉 밝음으로 마음이 안정되며 붓다의 가피를 구하는 것이다. 그리고 마지막으로 '식息'과 '강罡' 그리고 벼락을 상징하는 금강저 문양이 그려져 있다. 전체적으로 심신이 안정되어 산만함이 치료되고, 학문적 성취가 이루어지기를 기원하는 의미라고 하겠다.

당첨부

당첨 확률을 높여주는 부적

몸에 오랫동안 지니고 있으면 복권(로또)이나 주택청약 등에 당첨될 확률을 높여주는 부적으로, 효과만 확실하다면 매우 유용할 것이다.

사랑과 인연에 관한 부적

남녀 문제는 인류가 존재하는 한 지속될 중요한 화두다. 또 임신과 출산 역시 종족의 유지와 후손의 발전을 위해 특별한 의미를 갖는데, 예전에는 출산 과정에서 많은 위험이 따랐기 때문에 더욱 중요하게 여겨왔다.

또 유교에서는 제사 및 아들을 통해서 집단이 계승된다는 믿음 때문에 아들에 대한 의지가 클 수밖에 없었다. 이런 점에서 남녀 문제 및 후손과 관련된 부적이 상당한 비중을 차지하는 것은 당연하다. 그러나 이러한 부적 역시 현대에 와서는 가치관의 차이로 중요도가 작아졌으므로 간략히 소개한다.

공자는 『시경』에 정리해놓은 305편 시를 한마디로 "사무사思無邪" 즉 생각에 삿됨이 없다고 평가했다. 그러나 조금만 깊이 살펴보면, 『시경』 안에는 사랑에 대한 것이 상당하다. 즉 인간에게는 본질적인 욕구인 동시에, 인생에 있어서는 가장 중요한 일인 것이다. 이로 인해 사랑과 관련된 부적도 상당수 존재하게 된다.

남녀상응부

좋은 배우자를 구하는 부적

커다란 문門의 형상으로 집을 상징하고, 그 안에 윗점이 떨어진 '귀신 귀' 자를 크게 배치하여 귀신의 책동을 막고 있다. 그리고 안쪽에 부부의 인연을 상징하는 '원앙鴛鴦'을 쓰고, 그 아래에는 신에 의한 화락(신화락神和樂) 즉 기쁨을 나타내고 있다. 또 좌우에는 '임금 왕王' 자 네 자와 '힘 력力' 자 두 자가 있어, 신에 의한 위신력과 노력으로 최고의 배필을 구하는 상황을 상징하고 있다.

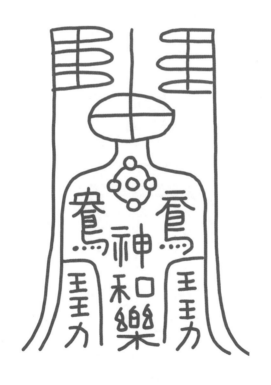

부부화합부
부부가 화목해지는 부적

결혼이 필연적이었던 과거에는 배우자와의 화합은 인생에 있어서 가장 중요한 일 중 하나가 된다. 특히 오늘날과 달리 이혼율이 낮은 상황에서 중매에 의지하는 비중이 절대적이었기 때문에 부부의 화합을 기원하는 측면은 더욱더 클 수밖에 없다. 그러므로 이와 같은 〈부부화합부〉가 존재하는 것이다.

결혼을 하지 않으면 모르지만, 이혼율이 높은 현대에서도 부부 화합의 문제는 매우 큰 일이 아닐 수 없다. 그러므로 이 부적은 오늘날에도 충분한 의미를 가진다고 하겠다.

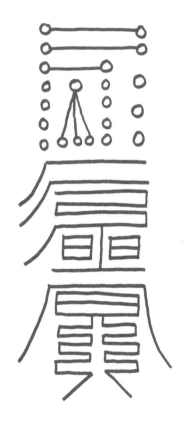

권태방지부

권태기를 극복하는 부적

과거에는 인간의 평균수명이 짧았으므로 나이에 의한 권태기가 발생할 확률이 낮았다. 그러나 중매 결혼이 주류였기에 다른 형태의 권태기를 맞을 개연성이 충분했다. 〈권태방지부〉는 이 문제를 해소하기 위한 것이다.

이 부적이 얼마나 효과가 있을지는 의문이지만, 평균수명이 길어진 현대에 더욱 크게 부각되고 있다는 점에서 알아두면 유용하겠다는 생각도 든다.

사랑성취부

원하는 사람의 사랑을 이끌어내는 부적

전통사회에서는 중매 결혼이 일반적이었다. 그럼에도 인간 사회인 이상 사랑의 문제가 존재하지 않을 수는 없다. 과거에도 자신이 원하는 사람과의 사랑을 위해 다양한 노력이 존재했다. 화장이나 옷매무새 같은 꾸밈이나 행동과 말투 등이 호감도를 높이기 위한 수단으로 사용되는 것은 당연하다. 그런데 이 중에는 흥미롭게도 사랑을 이끌어내는 부적이 존재하고 있다.

외도방지부

바람을 잠재우는 부적

과거에는 귀족이나 신분이 높은 남성의 외도는 사회적으로 용인되는 반면, 여성에게는 현숙賢淑이라는 억압의 굴레가 씌워져 있었다. 이런 상황에서 여성들이 남편을 지키는 수단을 부적에서 구했다는 사실이 흥미롭게 다가온다. 이렇게라도 해서 문제를 해결하려고 했다는 점이 어떤 의미에서는 안쓰럽기까지 하다. 그런데 이 부적은 또 다른 측면에서는 오늘날에 더 적합한 것일 수도 있겠다는 생각이 든다.

인연단절부

관계를 끊고자 하는 부적

〈인연단절부〉는 앞서 언급한 〈사랑성취부〉와는 대척점에 있는 부적이다. 이미 관계가 맺어졌거나 또는 일방적으로 인연을 맺으려는 상황이 반복될 때, 〈인연단절부〉를 사용해 관계를 정리할 수 있다고 믿었다. 세상에 이런 식으로 인연 문제가 해결될 수 있다면 좋겠다는 생각도 드는 동시에, 과거에도 인간 관계는 다양한 문젯거리를 내포하고 있었다는 점에서 주목된다.

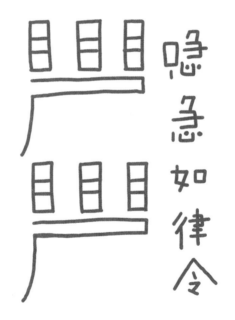

봉황부

혼사에 사용되는 부적

이 부적을 보면 맨 위에 '받들 봉奉' 자와 칙령이 쓰여 있고, '봉황도차鳳凰到此'
라고 하여 봉황이 이곳에 와 있다고 적어놓았다. 그리고 맨 아래에는 벼락을
상징하는 금강저 문양이 그려져 있다.

봉황은 오동나무에만 앉고 대나무 열매만 먹는 상서로운 새로, 봉이 수놈이고
황이 암놈이다. 즉 봉황은 암수를 함께 이르는 명칭이며, 이 때문에 원앙과 더
불어 부부 화합의 상징으로 이해되었다. 그러므로 부적에 봉황이 있다는 것은
부부가 화목하고 화합해서 문제가 없게 된다는 의미를 지닌다.

출산과 가족에 관한 부적

구자손부
불임을 치료하고 자손을 구하는 부적

시대를 막론하고 자식이 없어서 고민하는 부부들이 많은데, 이런 상황에 필요한 부적이다. 아래 부적의 형태를 보면, 집의 문 안에 하늘의 기운으로 부귀한 자식이 생겨나는 것을 표현한 정도로 이해하면 되겠다.

순산부

산모의 순산을 기원하는 부적

임신과 관련해서 가장 큰 난관은 당연히 출산이다. 이설이 있기는 하지만, 로마 황제 줄리어스 시저가 제왕절개로 태어난 최초의 인물이라고 한다. 이로 인해 제왕절개帝王切開 즉 '절개로 태어난 제왕'이라는 말이 생겨났다는 것이고. 그러나 당시에 절개를 통한 개복開腹은 산모의 죽음을 의미했다. 즉 이는 출산과 관련된 위험성을 잘 말해주고 있다.

또 과거에는 출산 후 감염에 의한 사망도 많았다. 이로 인해 금줄을 치고 외부인의 접근을 차단하는 문화가 생겨났지만, 출산과 관련된 산모나 영유아 사망률은 매우 높았다. 이런 점에서 본다면, 순산의 바람을 담은 부적이 존재하는 것은 지극히 당연하다고 하겠다.

총명부

이 부적은 총명함을 증대시켜주는 부적
으로, 맨 위에는 부적의 기운이 두루 모
든 곳에 발동하는 것을 상징하는 삼점이
위치한다. 끝에는 북두칠성의 첫 번째 별
이름인 천강성을 상징하는 강罡 자가 배
치되어 있다. 부적의 중간에 칙령을 배치
한 것도 눈에 띈다.

칙령의 위쪽에는 문창대군文昌大君(학문을
상징하는 문창성文昌星의 도교식 이름)의 권위
를 빌려 부적을 가진 자가 출행함에 귀신
과 신의 공경과 존숭을 받게 된다는 기원
의 문구가 쓰여 있다. 또 칙령의 아래에
는 기원자의 이름을 삽입하도록 되어 있
고, 그 밑에 '총명함이 크게 약진(총명대진
聰明大進)하여, 지혜가 넓게 열린다(지규홍
개智竅洪開)'는 기원의 문구가 적혀 있다.

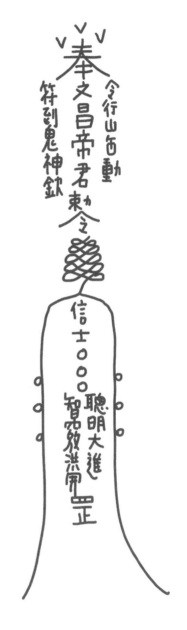

보태부

복중의 태아가 건강하기를 기원하는 부적

복중의 태아에게 문제가 생길 경우 1차적으로는 유산이 될 수 있고, 상황이 심각해지면 태아와 산모 모두가 위험에 처할 수 있다. 그러므로 태아를 보호하는 일은 곧 산모의 안위와도 직결된다고 하겠다.

유부

분유가 없던 시절 산모의 모유 수유는 아이의 건강한 양육과 직결된 중요한 문제였다. 이런 상황에서 젖이 뭉치거나 잘 나오지 않는 것은 큰 문제가 될 수밖에 없다. 이 문제를 해소하는 부적이 바로 〈유부〉다.

생자부

딸을 더 이상 낳지 않고 아들을 낳는 부적

농경사회에서 자손이 많은 것은 모두가 바라는 소망이었다. 그러나 유교에서는 제사의 계승이라는 측면과 결혼을 통해 여성을 데려올 수 있다는 점에서 남아가 더 선호될 수밖에 없었다. 특히 아들을 낳지 못하는 것은 칠거지악七去之惡 중 하나였을 만큼 여성에게 아들의 생산은 무척이나 중요한 가치였다.

이 부적은 아들 없이 딸만 계속 출산하는 경우 이런 흐름을 차단하고 아들을 낳도록 하는 부적으로, 일종의 태아 성별을 바꾸는 부적인 셈이다. 이는 오늘날 관점에서 본다면 매우 비윤리적이고 잔인하기까지 한 바람이다. 부적을 통해 성별이 바뀌지는 않겠지만, 당시의 시대적인 고민을 읽어볼 수 있다는 점에서 흥미롭기 그지없다.

안전을 기원하는 부적

안전운행부
바다와 육지 여행에서 문제가 생기지 않도록 하는 부적

바다와 육지를 여행할 때 일체의 장애를 만나지 않고, 피로감 등을 느끼지 않도록 해주는 부적이다. 효능만 있다면 예전과 달리 여행이 잦은 현대사회에 필요한 부적이지 싶다.

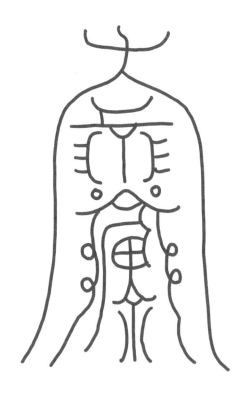

입산부

산에서 해코지를 당하지 않게 해주는 부적

오악 가운데 최고인 태산의 신을 상징하는 태산부군泰山府君(혹 동악대제)의 〈입산부〉를 보면, 길을 잃지 않고 장애가 없기를 기원하는, 이른바 상부의 구불구불함을 대체하는 하부의 직선형이 대조를 이루고 있는 모습이 눈에 띈다. 즉 이 부적의 염원이 어디에 있는지를 판단해볼 수가 있는 것이다.

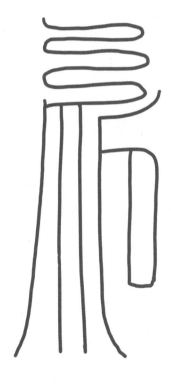

보행신비부

다리가 아프지 않고 빨리 걷게 해주는 부적

먼 거리를 지치지 않고 빠르게 걷도록 해주는 부적으로, 일종의 '축지법 부적' 이라고 이해하면 되겠다. 산행이 취미인 사람들이 가지고 다니면 재미있을 것 같다.

불교와 관련된 부적

부적은 도교와 무속을 배경으로 해서 삶의 문제를 극복하는 것에 초점이 맞추어져 있다. 그러나 불교가 A.D. 67년에 중국으로 전해지고 동아시아에 정착하면서, 불교 역시 부적 문화의 영향을 받게 된다. 이렇게 해서 만들어진 것이 바로 불교 부적이다.

불교 부적은 수행의 완성과 사후의 극락왕생에 대한 것이 주를 이룬다. 즉 불교의 목적에 맞추어 부적이 제작되는 것이다. 또 도교와 관련해서는 신선이나 장수에 대한 것도 존재한다. 이는 부적이 현실의 문제를 넘어 종교적인 영역과도 관련될 수 있다는 것을 의미한다.

그러나 부적의 핵심은 현실 문제를 관통하는 비방의 요소가 강하며, 이런 점에서 인간이 삶 속에서 가장 크게 노출되어 있는 질병의 극복이 부적의 주된 주제 중 하나가 되는 것은 너무나도 당연하다. 이런 부적은 현대적으로는 의미가 적으므로 구체적인 상징을 검토하기보다는 간략히 소개하는 정도에서 그치고자 한다.

불교는 언어를 신뢰하는 진언 문화를 중심으로 하기 때문에, 부적과 같은 그림 전통은 크게 이렇다 할 것이 없다. 물론 당나라 현종 때 밀교가 번성하면서 만다라 등의 도상적인 부분이 강조되기도 했지만, 그럼에도 불교의 본류는 자신을 극복하는 강력한 명상(선禪) 수행이나, 염불을 통한 극락왕생의 기원 등과 같은 측면이라고 하겠다.

그러나 이러한 불교도 동아시아에서 수천 년을 유전하는 과정에서 일정 부분 부적 문화의 영향을 받게 된다. 이렇게 해서 만들어진 것이 바로 불교 부적이다.

불교 부적은 불교 신도의 매장 시 관에 봉납되는 것이 일반적이며, 때에 따라서는 불보살상 안에 납입하여 생명을 불어넣는 복장물腹藏物이 되기도 하고, 탑 속에 사리장엄구와 함께 봉안되기도 한다. 승려의 화장(다비) 시에도 불교 부적이 일부 사용되었을 것으로 판단되지만, 화장의 특성상 이는 추정만 가능할 뿐이다.

당득견불부

부처님 친견을 얻는 부적

이 부적을 지니고 수행하거나 염불하면 부처님을 친견할 수 있다고 한다. 물론 이런 부적으로 부처님을 친견할 수 있다면 얼마나 좋겠는가? 이것이 불가능함에도 이와 같은 부적이 존재하는 것은 이렇게 해서라도 이루고 싶은 간절함이 있기 때문이다. 즉 종교적인 간절함이 방어기제로 작용한 셈이다.

주로 불교 신도가 사망했을 때 장례에 사용하며, 내생에 부처님 세계에 태어나 친견할 수 있기를 바라는 마음이 이 부적에 깃들어 있다.

멸죄성불부

부적으로 죄가 소멸되고 붓다가 될 수는 없지만, 이렇게라도 해서 노력하는 모습을 보이고자 했다는 점만은 충분히 긍정적이라고 하겠다.

이 부적 역시 사망 시에 관 속에 함께 납입되기도 한다. 이는 부적이 죽음이라는 이별의 과정에서, 두려움을 덜어주는 종교적인 기능으로 작용하고 있다는 것을 의미한다.

왕생정토부

아미타부처님의 극락에 왕생하는 부적

불교의 이상세계는 사후의 천상에 존재하는 것이 아니라, 서쪽에 위치하는 아미타부처님의 세계인 극락정토다. 극락 역시 인간계이지만, 거리가 너무 멀어서 일반인으로는 갈 수가 없다. 그러므로 인도불교에서는 죽어서 윤회하여 극락에 재탄생하기를 기원하였다. 이를 왕생정토신앙이라고 하는데, 이에 상응하는 측면이 부적으로 나타나게 된 것이다. 이런 관점에서 볼 때 〈왕생정토부〉는 주로 불교 신도의 사망 시 관 속에 납입하는 용도로 사용했음을 알 수 있다.

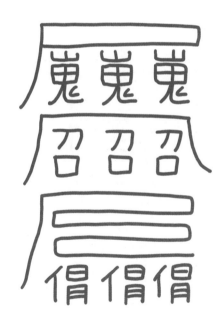

파지옥생정토부

지옥을 깨뜨리고 극락정토에 왕생하는 부적

불교도라면 모두가 극락정토에 왕생하는 것을 바라지만, 이것이 곧장 이루어지기는 어렵다. 또 일단 사람이 죽게 되면, 망자는 사후세계인 명부冥府를 유전하게 된다.

동아시아 불교에서는 명부를 지옥과 연결시켜 이해하는 관점이 존재한다. 이는 예전에는 재판장이 있는 곳에 감옥도 함께 있었기 때문이다. 그러므로 지옥을 깨뜨리고 속히 정토에 가기를 기원하는 〈파지옥생정토부〉가 나타나게 된 것이다. 이 역시 주로 관 속에 납입되어 매장하는 용도로 사용된다.

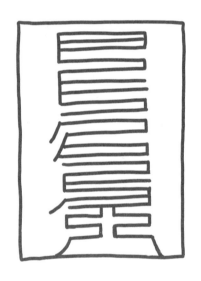

탈지옥부

지옥으로부터 벗어나는 부적

〈파지옥생정토부〉가 사망한 분에 해당하는 부적이라면, 이미 사망해서 49일이 경과한 분들은 〈탈지옥부〉를 사용해야 한다. 즉 전자가 49재에 해당하는 49일 안의 중음(중유)에 작용하는 부적이라면, 후자인 〈탈지옥부〉는 천도재에 해당하는 부적이다.

〈탈지옥부〉는 이미 무덤이 써진 이후에 사용되는 부적이므로 무덤에 추가로 묻거나 천도재 때 망자의 천도를 기원하면서 사용한 뒤에 소각되었을 것으로 추정된다.

장수와 관련된 부적

연수명부
수명을 연장해주는 부적

예전에는 인간의 평균수명이 40대 정도밖에 되지 않았기 때문에 장수에 대한 바람이 컸다. 이 때문에 『서경』「홍범」편의 오복(수·부·강녕·유호덕·고종명)에서도 장수를 으뜸으로 친다.

또 장수를 넘어선 불사不死 즉 영생은 도교가 추구하는 이상이며, 신선 역시 죽지 않는 불사의 존재다. 이런 점에서 〈연수명부〉는 예전 사람들의 장수에 대한 선호를 상징하는 동시에, 도교 및 신선사상과 관련된 부적이라고 하겠다.

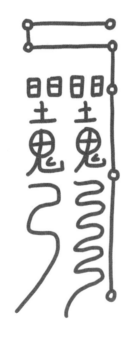

특이하고 재미있는 부적들

부적은 예전 사람들이 봉착했던 다양한 문제를 알게 해준다는 점에서 민속학적으로도 그 의의가 크다. 한편, 시대가 바뀌면서 지금은 문제가 안 되거나 부적으로 해결될 수 없다는 사람들의 당연한 인식이 부적으로 남아 있는 경우도 있다.

그러므로 지금부터 살펴볼 흥미로운 부적들을 통해서, 과거의 시대상과 문제의식을 알아보는 것은 의외로 특이하고 재미있는 경험이 될지도 모른다. 다만 이런 부적은 현대적으로는 의미가 적으므로 그 상징성을 상세히 검토하기보다는 간략히 소개하는 정도로만 그치고자 한다.

목에 걸린 가시를 해소하는 부적

조선의 문화와 관련해서 구한말까지 일관되게 나오는 내용이, 우리 선조들이 엄청난 대식가였다는 점이다. 하지만 농경문화의 특성상 고기나 생선을 먹는 일은 극히 제한적이었다. 이렇다 보니, 음식이 있으면 무조건 쓸어 넣는 방식이 유행하게 된다. 이는 가시가 목에 걸릴 확률을 높인다. 즉 이런 쓸모 없을 것 같은 부적이 요청되는 특수한 상황이 있었을 것이라 추정할 수 있다.

이 부적을 사용하면 가시가 삭아서 사라진다고 한다. 물론 이를 믿기는 어렵다. 그러나 가시의 종류에 따라서 다양한 부적이 존재한다는 점에서, 당시 이런 문제가 생각보다 위급하고 또한 일상적으로 빈번하게 일어났다는 것을 알 수 있어 흥미롭다.

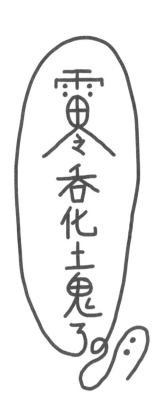

물을 정수해주는 부적

문제 있는 물에 넣어서 마실 수 있는 물로 바꾸어주는 부적이다. 예전에는 물을 마시고 배탈이나 장염에 걸리는 경우가 많았다. 실제로 일본에서 정로환正露丸이 만들어진 것도 러일전쟁 때 장병들의 식수 문제를 해소하기 위한 것이었다.

이 부적은 특성상 물에 타서 휘저은 뒤 물을 마셔야 한다. 요즘으로 치면 발포 비타민과 같은 복용법이라고 하겠다. 그러나 부적의 주사에는 수은의 독성이 존재하기 때문에 이와 같은 행동을 실제로 해서는 절대 안 된다. 이 정로환 부적은 그냥 예전 사람들이 봉착했던 문제의 한 해법 정도로만 이해하면 되겠다.

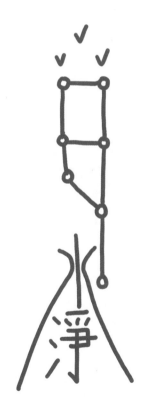

술 깨는 부적

술에 취했을 때 쉽게 깨는 부적으로, 숙취 해소를 위한 부적이다. 일명 '컨디션 부적'이라고 하겠다.

자물쇠 푸는 부적

자물쇠에 문제가 생겨서 열리지 않거나, 또는 열쇠를 잃어버렸을 때 사용하는 부적이다. 상식적으로 봤을 때 부적의 효과를 기대하기는 어렵겠으나, 개개인의 고민과 문제가 해결되기를 바라는 기원이 담긴 상징적인 부적이라 할 수 있겠다.

조류분뇨해소부

과거 속설 가운데 "새똥을 맞으면 불길하다."는 말이 있다. 이 때문에 조류의 분뇨를 맞았을 때, 이것이 재앙으로 연결되지 않도록 하는 부적이 생겨났을 것이라 추정한다.

이 부적은 오늘날의 관점에서 봤을 때 무조건 효과를 발휘할 수밖에 없다. 왜냐하면 대다수가 이런 속설을 믿지도 않거니와 새똥을 맞았다고 해서 문제가 생기지는 않을 것이기 때문이다. 영험함에 있어서는 아메리카 인디언들이 비가 올 때까지 지내는, 절대적으로 영험할 수밖에 없는 기우제에 필적할 만한 부적인 것이다.

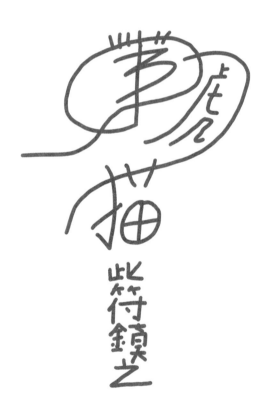

주술극복부

현대에도 징크스나 점을 치는 행위에는 주술적 요소가 담겨 있다. 그런데 문명이 발달하지 않았던 과거에는 이런 주술적 요소의 범위가 지금과는 비교될 수 없을 정도로 넓었다. 또 이런 상황에서 상대를 주술로 저주하는 일도 종종 발생했다. 이 부적은 이런 타인의 주술을 방어하는 부적이다. 일종의 타인의 주술에 대한 보호막 부적이라고 이해하면 되겠다.

그런데 부적을 보면, 맨 위의 삼점 아래에 천강성을 나타내는 '강罡' 자를 일곱 번 써서 북두칠성의 상징성을 부과한 정도 외에는 이렇다 할 것이 없다. 좌우의 곡선은 결계의 의미 정도로 이해된다. 따라서 이 부적 속에는 북두를 중심으로 하는 천강성의 강력함이 내포되어 있으므로, 기타의 다른 주술은 통하지 않는다는 정도를 나타낸다고 하겠다.

첩을 떼는 부적

과거에는 남성이 첩을 두는 것이 흔한 일이었다. 그러나 그 시대라고 해서 여인들에게 질투와 갈등이 없었던 것은 아니다. 그래서 남편에게서 첩이 떨어져 나가도록 부적을 사용하였다.

현대에 와서는 자기 외에 다른 누군가가 자기가 사랑하는 사람을 좋아할 경우, 그 사람을 떨어져 나가게 할 때 사용할 수도 있겠다.

빚을 받아내는 부적

빚을 지고도 끈질기게 갚지 않는 사람에게 채무 변제를 받을 때 사용하는 부적이다. 일명 '흥신소 부적'이라고 볼 수 있겠다.

개를 길들이는 부적

개를 길들이는 부적은 반려동물을 키우는 오늘날에는 매우 유용할 수 있다. 다만 부적 중간에 '개 견犬' 자가 있어 고양이에게는 별로 효과가 없을 것 같은데, '개 견' 자를 '고양이 묘猫' 자로 바꾸면 가능할 것도 같다.

분실물을 찾는 부적

물건을 잃어버렸거나 어디에 두었는지 기억이 나지 않을 때 사용하는 부적이
다. 부적으로 물건을 찾을 수만 있다면 실로 대단한 일이 될 것이다.

기우부, 기청부

예전에는 농사에 필수적이었던 비가 오지 않으면 비가 오도록 하는 기우제를
지내고, 비가 너무 많이 오면 비가 개는 기청제를 지냈다. 당시 농사는 국가적
으로 매우 중요했기 때문에 기우제와 기청제는 국가의 행사이기도 하고, 또
지방관이 주재하기도 했다. 아울러 부적을 통해서도 이러한 일이 가능하다는
믿음이 있었다.

시체가 웃을 때 사용하는 부적

예부터 유교에서는 상례·장례·제례를 중시해왔다. 그런데 간혹 장례 과정에서 시신이 웃는 일이 발생했는데, 이는 당시 사람들에게는 공포의 대상이었다. 합리적으로 생각해보면 이것은 사후 경직의 과정에서 발생하는 사후 변화의 일부일 뿐이다. 그러나 상례와 제례를 중시하던 유교에서 염을 하는 시신이 웃는 것은 여간 불길한 일이 아닐 수 없다. 그래서 이처럼 다소 황망한 부적이 존재하는 것이다.

사진 출처

국립민속박물관 | 18, 23(좌), 35(하), 39(우), 45, 49, 65(좌), 70(우), 79, 81(하), 87(우), 106, 107, 109(우), 117, 122(중·하), 123(우), 129, 130, 131, 132, 133, 135, 142(하), 158, 160(좌 하·우하), 164, 170(상), 173, 176, 178, 190, 195, 198, 203, 204(상·중·좌하), 205, 208

국립민속박물관(소장자 배도식) | 180

국립중앙박물관 | 36, 54, 59, 72(하), 74, 77, 78, 120, 123(좌), 142(상), 148(하), 155, 170(좌 하·우하), 182

문화재청 | 62(하)

문화체육관광부 문화포털 | 16(우), 160(상)

울산대학교 반구대암각화유적보존연구소 | 25(하), 57(하)

원각사성보박물관 | 39(좌), 81(상), 82, 110

월정사성보박물관 | 83(상), 84

조계종출판사 | 16(좌), 76, 200(상)

조선고적도보 | 145, 146

천은사 | 127, 147

한국고문서자료관 | 30

한국학중앙연구원 | 52, 113, 119, 122(상), 126, 137, 141, 167, 175, 204(우하)

한문화타임즈 | 62(상)

부적의 비밀 기원과 상징의 문화

초판 4쇄 발행 2023년 2월 22일

지은이   자현
발행인   정지현
편집인   박주혜

대표   남배현
본부장   모지희
편집   손소전 주성원
디자인   kafieldesign
경영지원   김지현
등록   2006년 12월 18일 (제2009-000166호)

펴낸곳   모과나무
주소   서울시 종로구 삼봉로 81 두산위브파빌리온 1308호
전화   02-720-6107
전송   02-733-6708
이메일   jogyebooks@naver.com
구입문의   불교전문서점 향전(www.jbbook.co.kr) 02-2031-2070~1

ISBN 979-11-87280-51-4 03100

※ 이 책에 수록된 부적은 옛날부터 전해 내려오는 부적의 형태를 본떠 재창조한
   것으로, 부적과 관련한 저작권 및 모든 법적 책임은 모과나무출판사에 있습니다.

모과나무는 (주)조계종출판사의 단행본 브랜드입니다.
지혜의 향기로 마음과 마음을 잇습니다.